# URZEIT

## Erkunde die großartige Welt der Dinosaurier

Text
Ashley Hall

DK

**Text** Ashley Hall
**Illustrationen** Claire McElfatrick
**Lektorat** Sophie Parkes, Sarah MacLeod Bailey, Penny Smith, Sarah Larter
**Gestaltung und Bildredaktion** Sonny Flynn, Hannah Moore, Sakshi Saluja, Mabel Chan
**Herstellung** Dragana Puvacic, Rebecca Parton

Für die deutsche Ausgabe:
**Verlagsleitung** Monika Schlitzer
**Programmleitung** Heike Faßbender
**Redaktionsleitung** Martina Glöde
**Projektbetreuung** Natalie Capalija
**Herstellungsleitung** Dorothee Whittaker
**Herstellungskoordination** Katharina Schäfer
**Herstellung** Verena Marquart

Titel der englischen Originalausgabe:
Prehistoric Worlds



**Übersetzung** Andreas Held, Manuela Held
**Lektorat** Regine Gerst

ISBN 978-3-8310-4945-5

**Druck und Bindung**
Foshan Nanhai Xingfa Printing Co. Ltd, China

MIX
Papier | Fördert gute Waldnutzung
FSC® C018179

**www.dk-verlag.de**

# EINFÜHRUNG

Wenn du an Tiere der Urzeit denkst, fallen dir bestimmt zuerst Dinosaurier ein! Die Lehre von den Urzeit-Lebewesen heißt Paläontologie. Und die Dinosaurier sind nur eine besonders faszinierende Gruppe der Millionen von Lebensformen, die sich auf der Erde entwickelt haben.

Schon als Kind war ich total begeistert von Dinosauriern, und diese Begeisterung hält noch immer an! Heute arbeite ich als Paläontologin und teile meine Begeisterung für Fossilien mit Schülern und Schülerinnen und Museumsbesuchenden. Fossilien zu erforschen, macht nicht nur Spaß – es hilft uns auch, die Geheimnisse der Urzeit zu lüften. Mit diesem Wissen können wir die Ökosysteme von heute besser schützen und für die Zukunft bewahren.

Ich hoffe, dieses Buch entfacht deine Leidenschaft für Dinosaurier und die gesamte Paläontologie. Lass uns zusammen in die unglaubliche Welt der Urzeit eintauchen.

Ashley Hall

**Ashley Hall**

# INHALT

# ERFORSCHUNG URZEITLICHER WELTEN

**Die Lehre von den urzeitlichen Lebensformen – von Tieren, Pflanzen, Pilzen, Bakterien und deren Spuren – nennt man Paläontologie.**

Die Überreste vieler früherer Lebewesen sind als Fossilien erhalten geblieben. Vielleicht werden auch heute lebende Organismen in ferner Zukunft als Fossilien erhalten bleiben.

Um die Urzeit zu erforschen, suchen Paläontologinnen und Paläontologen nach Fossilien und untersuchen diese ganz genau.

Lies weiter und erfahre, wie Fossilien die spannenden Geheimnisse der Urzeit enthüllen.

# Was ist ein Fossil?

Fossilien sind die Überreste von Lebewesen der Urzeit. Wir können sie erforschen und dadurch etwas über die Urzeit lernen.

## FORMEN DER ENTSTEHUNG

Fossilien können auf sehr unterschiedliche Weise entstehen. Die häufigste Form ist die Versteinerung. Dabei ersetzen Mineralien allmählich das Weichgewebe des Lebewesens. Es gibt aber noch zahlreiche andere Möglichkeiten, wie tote Organismen erhalten bleiben können.

### Karbonisierung

Hierbei wird ein Organismus unter extrem hohem Druck zusammengepresst, sodass nur eine dünne Kohlenstoffschicht erhalten bleibt. Das ist häufig bei Fossilien von Pflanzen und Fischen der Fall.

Versteinertes Holz

### Versteinerung

Bei diesem Vorgang schwemmt Wasser mikroskopisch kleine Mineralien in die Überreste eines Organismus. Sie ersetzen das weiche Gewebe, härten aus und bilden so das Fossil.

### Einfrieren

Es wurden schon eingefrorene Tiere und Pflanzen aus der Eiszeit gefunden. Auch nach Tausenden von Jahren waren Haut, Fell, Federn oder Blätter perfekt erhalten geblieben.

**Silene stenophylla**
Diese Pflanze zog ein Forscher aus einem 32 000 Jahre alten Samen, der im Dauerfrostboden eingeschlossen war.

## Abdrücke

Natürliche Abdrücke von Fußspuren, Schalen oder Pflanzen können sich mit Sediment wie Sand, Schlamm oder Schlick füllen. Dadurch ergeben sich räumliche Formen.

*In Bernstein erhaltener Saurier-Schwanz*

## Bernstein

Bäume sondern manchmal klebriges Harz ab. Was damit in Berührung kommt, bleibt kleben. Das Harz härtet zu Bernstein aus. Darin eingeschlossene Insekten, Spinnen und sogar kleine Teile von Dinosauriern bleiben so erhalten.

# WIE EIN FOSSIL ENTSTEHT

Nur 1 Prozent aller Lebewesen, die jemals auf der Erde gelebt haben, blieben als Fossilien erhalten. Fossilien sind also etwas ganz Besonderes. Manche Formen sind äußerst selten.

**Schritt 1**
Stirbt ein Lebewesen, bleibt etwas zurück.

**Schritt 2**
Die Überreste werden von Sand, Schlamm, Eis, Teer oder Sediment aus Gewässern bedeckt.

**Schritt 3**
Sie bleiben für Tausende, Millionen oder Milliarden Jahre verborgen.

**Schritt 4**
Nun müssen Abtragung durch starke Winde, fließendes Wasser, Gletscher oder Erdbeben das Fossil zur richtigen Zeit freilegen, damit Forschende es entdecken können.

| | |
|---|---|
| Holozän | |
| | (vor 10 000 Jahren) |
| Pleistozän | |
| | (vor 1,8 Mio. Jahren) |
| Pliozän | |
| | (vor 5,3 Mio. Jahren) |
| Miozän | |
| | (vor 23 Mio. Jahren) |
| Oligozän | |
| | (vor 33,9 Mio. Jahren) |
| Eozän | |
| | (vor 55,8 Mio. Jahren) |
| Paläozän | |
| | (vor 65,5 Mio. Jahren) |
| Kreide | |
| | (vor 145,5 Mio. Jahren) |

# KÄNOZOIKUM

Das Känozoikum (Erdneuzeit) wird auch als Zeitalter der Säugetiere bezeichnet. Es umfasst die letzten 66 Millionen Jahre bis heute. Nach Aussterben fast aller Dinosaurier – mit Ausnahme derer, aus denen die Vögel hervorgingen – entwickelte sich aus maus-großen Arten eine riesige Vielfalt an Säugern. Auch aus Fischen, Vögeln oder Reptilien entstanden die Tiere, die heute auf der Erde leben.

**Säbelzahnkatze**
Ihre langen, scharfen Eck-zähne brauchte sie bei der Jagd auf Großtiere.

Smilodon-Schädel

Megalodon-Zahn

**Größter Hai**
Der Hai Otodus megalodon starb erst vor 3 Millionen Jahren aus.

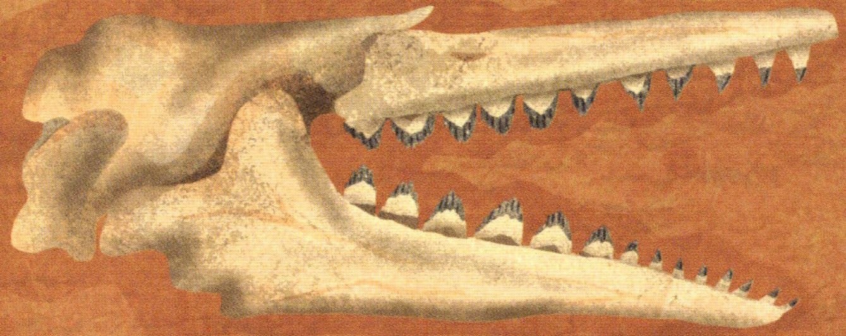

Coronodon-Schädel

**Früher Wal**
Coronodon ist ein Wal aus der Urzeit.

Pakicetus

**Früher Vorfahr der Wale**
Wale entstanden aus kleinen, nur zum Teil im Wasser lebenden Säuge-tieren wie Pakicetus.

# MESOZOIKUM

Das Mesozoikum (Erdmittelalter) begann und endete mit einem Massenaussterben. Dinosaurier, Flugsaurier und Meeresreptilien beherrschten die Erde 180 Millionen Jahre lang.

Parasaurolophus-Schädel

**Besondere Merkmale**
Dinosaurier entwickelten viele Merkmale. Dieser Dino konnte mit seinem Knochenzapfen ein lautes Geräusch erzeugen.

**Jura**

(vor 199,6 Mio. Jahren)

**Trias**

(vor 252,2 Mio. Jahren)

Allosaurus-Schädel

**Raubsaurier**
Allosaurus jagte und fraß riesige Saurier wie Diplodocus.

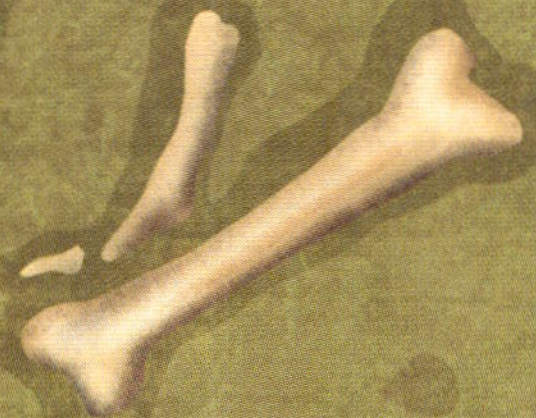

**Früher Dinosaurier**
Die ersten Dinosaurier waren klein, schnell und schlank.

Coelophysis-Skelett

**Perm**

(vor 99 Mio. Jahren)

**Pennsylvanium**

(vor 318 Mio. Jahren)

**Mississippium**

(vor 359,2 Mio. Jahren)

**Devon**

(vor 416 Mio. Jahren)

**Silur**

(vor 443 Mio. Jahren)

**Ordovizium**

(vor 448,3 Mio. Jahren)

**Kambrium**

(vor 542 Mio. Jahren)

## PALÄOZOIKUM

Das Paläozoikum (Erdaltertum) war eine Zeit großer Veränderungen. Die ersten Lebensformen entstanden und entwickelten sich ganz unterschiedlich. Manche passten sich vom Leben im Meer an das Leben an Land an.

**Meeres-Weichtiere**
Ammoniten sind mit Tintenfischen und Kraken verwandt und lebten in diesen gewundenen Schalen.

Ammoniten

Dimetrodon-Schädel

**Beherrschende Säugetiere**
Vor den Dinosauriern beherrschten große echsenähnliche Säugetiere das Land.

# Zeitskala der Urzeit

Seit der Entstehung der Erde vor 4,6 Milliarden Jahren wurde die Erdgeschichte in Form von Fossilien in den Gesteinsschichten bewahrt. Unser ganzes Wissen über die Urzeit haben wir durch sie gewonnen. Hier sind alle Zeitabschnitte aufgelistet, die in diesem Buch behandelt werden.

Armfüßer

Stachelhäuter

Trilobit

**Proterozoikum**

(vor 2,5 Mrd. Jahren)

**Archaikum**

## PRÄKAMBRIUM

Das ist der früheste Zeitabschnitt der Erdgeschichte, beginnend mit der Entstehung der Erde vor 4,6 Mrd. Jahren. Das Leben auf der Erde entstand erst vor etwa 3,7 Mrd. Jahren und hat bis heute überdauert.

**Früheste Fossilien**
Die frühesten bekannten Fossilien sind Mikroorganismen. Gefunden wurden sie in 3,4 Mrd. Jahre alten Feuersteinen in Australien.

# Ohne Geologie keine Paläontologie

Um Fossilien zu finden, müssen wir uns erst einmal mit Geologie beschäftigen. Das ist die Wissenschaft vom Aufbau der Erdschichten und der Vorgänge, die auf sie einwirken. Seit Entstehung der Erde vor 4,6 Milliarden Jahren bildeten sich immer neue Schichten, lagerten sich auf der Oberfläche ab und schufen so die Erdkruste. In verschiedenen Teilen der Welt liegen unterschiedliche Gesteinsschichten an der Oberfläche, die man Formationen nennt.

## ALTER DES GESTEINS

Woher wissen wir, wie alt ein Fossil ist? Indem wir uns das Gestein anschauen, in welchem es gefunden wurde. Mit den folgenden Methoden kann man das Alter eines Fossils bestimmen:

**Relative Altersbestimmung**
In Schichten von Sedimentgestein, etwa Sandstein oder Kalkstein, sind die unteren Schichten die älteren.

**Absolute Altersbestimmung**
Wir können das Alter von Gesteinen auch bestimmen, indem wir die darunter und darüber liegenden Ascheschichten einer Zeit zuordnen. Dazu misst man, mit welcher Geschwindigkeit in der Asche enthaltene radioaktive Teilchen zerfallen – also Energie verlieren.

### Evolution

Indem wir die Geologie und Fossilien erforschen, lernen wir zu verstehen, wie sich das Leben im Lauf der Zeit verändert hat. Diesen natürlichen Vorgang nennt man Evolution. Er geschieht auch heute noch bei allen Lebewesen und lässt sich beobachten. Die Wissenschaft erforscht die Evolution, um zu verstehen, wie alles Leben auf der Erde zusammenhängt. Sämtliche Lebewesen stammen von einem gemeinsamen Vorfahren ab.

**„Aus einem so schlichten Anfang entstand eine unendliche Zahl der schönsten und wunderbarsten Formen und entsteht noch weiter.“**
**Charles Darwin**
**(Naturforscher)**

# DIE EVOLUTION DER ERDE

Obwohl wir nicht sehen können, dass sie sich verschieben, sind die Kontinente seit Milliarden von Jahren in Bewegung. Sie wandern 1-20 mm pro Jahr in einem Prozess, der Kontinentalverschiebung genannt wird.

### vor 251 Mio. J.

In der Trias gab es nur einen einzigen Superkontinent namens Pangäa. Die Tiere konnten über den gesamten Kontinent wandern.

### vor 150 Mio. J.

Im Jura brach Pangäa auseinander und bildete die beiden riesigen Kontinente Laurasia und Gondwana. Mit Lebewesen bevölkerte Meere trennten sie.

### vor 66 Mio. J.

Seit der Kreidezeit haben die Kontinente schon fast die gleiche Position wie heute. Manche von ihnen lagen unter Wasser.

### Heute

Es gibt sieben Kontinente und fünf Ozeane. Forschende glauben, dass sich in 200–300 Millionen Jahren wieder ein neuer Superkontinent bilden wird.

# Nicht alles ist ein Dinosaurier!

Wenn Du dieses Buch liest, dann denke daran: Nicht alle ausgestorbenen Lebewesen waren Dinosaurier. Manchmal wird der Begriff Dinosaurier für alle ausgestorbenen Tiere verwendet, dabei sind die Dinosaurier nur eine bestimmte Gruppe davon.

Pteranodon

**Fliegende Reptilien**
Pterosaurier oder Flugsaurier sind ein Entwicklungszweig flugfähiger Reptilien. Sie lebten zur gleichen Zeit wie die Dinosaurier im Mesozoikum.

Wollhaar-Mammut

**Vorfahr der Elefanten**
Diese großen, eiszeitlichen Säugetiere sind eng verwandt mit Afrikanischen und Asiatischen Elefanten.

**Urzeitliche Katze**
Säbelzahnkatzen oder Smilodons sind eiszeitliche Säugetiere und eng mit Katzen verwandt.

Mosasaurier

**Schwimmende Reptilien**
Mosasaurier sind im Meer lebende Reptilien. Sie sind enger mit Schlangen und Waranen verwandt als mit Dinosauriern.

## Wir sind keine Dinosaurier

Viele Lebewesen, darunter schwimmende und fliegende Reptilien, lebten zur gleichen Zeit wie die Dinosaurier. Zwar ähneln manche Dinosaurier einigen davon, trotzdem bilden sie eine eigene Gruppe.

**Seltsame Flügel**
Die Flügel des Dinosauriers Yi qi ähneln denen von Fledermäusen. Sie bestanden nicht aus Federn, sondern aus Flughäuten.

Yi qi

Elster

## Sind Vögel Dinosaurier?

Vögel sind lebende Dinosaurier! Sie haben als einzige Dinosaurier das Aussterben vor 66 Millionen Jahren überlebt.

## Wir sind Dinosaurier

Dinosaurier wie Parasaurolophus und Styracosaurus sind eine spezialisierte Gruppe von Reptilien. Sie entwickelten sich im Mesozoikum.

Parasaurolophus

Styracosaurus

## Was ist ein Dinosaurier?

Alle Dinosaurier sind miteinander verwandt und haben gemeinsame Merkmale: Sie haben eine aufrechte Haltung. Ihre Beine befinden sich unter dem Körper und sind nicht seitlich abgespreizt. Ihr Schädel weist hinter den Augen zwei Öffnungen auf. Wie andere Reptilien und Vögel können sie Eier legen.

Tyrannosaurus rex

**König der Saurier**
Der Dinosaurier T. rex lebte vor 66 Millionen Jahren gegen Ende der Kreidezeit.

Stegosaurus

**Gepanzerter Dinosaurier**
Der gepanzerte Stegosaurus lebte vor 150 Mio. Jahren im Zeitalter des Jura.

# PALÄOZOIKUM

**Im Paläozoikum (Erdaltertum), vor rund 538–252 Millionen Jahren, entwickelten sich viele erfolgreiche Tiergruppen. Viele davon haben bis heute überlebt, wie Fische und Reptilien.**

Das Zeitalter begann mit einem bedeutenden Vorgang, den man Kambrische Explosion nennt. Aus kleinen, einzelligen Meeresorganismen entstanden nach und nach eigenartige, komplexe neue Lebensformen, wie die hier abgebildeten Trilobiten oder „Dreilapper".
Mit ihrer harten Schale waren die Trilobiten so erfolgreich, dass sie 270 Millionen Jahre lang in den Weltmeeren lebten. Danach verschwanden sie bei einem Massenaussterben. Lies weiter und erfahre mehr über das Paläozoikum, eine spannende Zeit für die Evolution der Reptilien.

# Das Perm

Das Perm, vor 298 bis 252 Millionen Jahren, war eine Zeit großer Veränderungen auf der Erde. Das Leben entwickelte sich rasch und die Kontinente fügten sich allmählich zu dem riesigen Superkontinent Pangäa zusammen.

**Vor den Dinosauriern**
In dieser Zeit gab es noch keine Dinosaurier. Damals waren Dimetrodon und andere große Reptilien die bedeutendsten Raubtiere der Erde.

Dimetrodon

Eryops

Diplocaulus

**Vom Wasser ans Land**
Aus Fischen entstanden die Amphibien oder Lurche. Sie entwickelten Lungen und von Knochen gestützte Gliedmaßen. Im Perm lebten Amphibien sowohl im Wasser als auch an Land – etwa der gigantische Eryops und Diplocaulus mit seinem bumerangförmigen Kopf.

**Zwei Hörner**
Diplocaulus hatte am Schädel zwei hornartige Fortsätze. An Fossilien des Schädels fand man Biss-Spuren: Sie verraten, dass Dimetrodon Diplocaulus gejagt und an den Hörnern aus seinem Bau gezogen hat.

Diplocaulus

**Riesige Insekten**
Meganeura war eine Riesen-Libelle mit einer Flügelspannweite von über 70 cm. Sie flog laut surrend und fing im Flug Käfer und andere wirbellose Tiere.

## Leben an Land

Im Perm herrschte nahe den Küsten ein feuchtes Klima und an Land ein sehr trockenes. Das waren ideale Bedingungen für Reptilien. Zwei der ersten uns bekannten großen Pflanzenfresser waren Edaphosaurus und Cotylorhynchus.

**Verwandter der Dinosaurier**
Araeoscelis war einer der ersten bekannten Diapsiden. Das ist eine Gruppe kleiner, eidechsenähnlicher Reptilien, die eng mit Dinosauriern verwandt sind.

# Dimetrodon

Mit seinem großen Rückensegel und dem Maul voll scharfer, spitzer Zähne gehört Dimetrodon zu den beeindruckendsten urzeitlichen Tieren, die je gefunden wurden. Dieses Reptil wurde fast 3,5 Meter lang und bis zu 180 Kilogramm schwer und war einer der bedeutendsten Fleischfresser im Perm.

**Als Fleischfresser machte Dimetrodon Jagd auf Süßwasser-Haie und Amphibien.**

Wozu das Segel diente,

**Kräftige Zähne**
Dimetrodon bedeutet „zwei Arten von Zähnen". Er hatte sowohl scharfe Zähne zum Schneiden als auch sägeartig gezackte zum Zerkauen von zähem Fleisch.

**Übler Biss**
Forschende fanden Biss-Spuren von Dimetrodon-Zähnen an den Knochen von anderen Artgenossen!

... ist noch immer ein Rätsel!

Dimetrodon war eines der ersten Tiere mit sägeartigem Gebiss.

## Was bin ich?

Ob du es glaubst oder nicht: Dimetrodon ist näher mit dir verwandt als mit Dinosauriern! Säugetiere, wie du, und Dimetrodon sind beides Synapsiden: Das ist eine Gruppe von Tieren mit vier Gliedmaßen und einer einzelnen Öffnung im Schädel hinter der Augenhöhle.

**Großes Segel**
Das Segel wurde von verlängerten Rückenwirbeln gestützt. Es diente vielleicht zum Anlocken von Weibchen oder Abschrecken von Männchen.

**Sumpfbewohner**
Dimetrodon war an verschiedene Lebensräume angepasst, hielt sich aber meistens in Feuchtgebieten auf.

# Paläozoische Meere

Der Kontinent Pangäa war von dem Ozean Panthalassa umgeben. Dieser war mit faszinierenden Kreaturen bevölkert, die im Paläozoikum entstanden. In dieser Zeit entwickelten sich aus einfachen, einzelligen Organismen komplexere Tiere.

Das Männchen von Falcatus hatte am Kopf einen langen, nach vorne zeigenden Stachel.

Falcatus

## KAMBRISCHE EXPLOSION

In einem Zeitraum von nur 13–25 Mio. Jahren entstanden alle Hauptgruppen der Tiere. In diesem als Kambrische Explosion bekannten Abschnitt der Erdgeschichte entwickelten die Tiere die ersten Augen, die erste Wirbelsäule, Kiemen und Münder.

### Stethacanthus

Dieser Fisch besaß eine eigenartig geformte Rückenflosse. Sie war mit Reihen von zahnähnlichen Schuppen besetzt. Wozu diese dienten, ist unklar.

### Helicoprion

Dieser haiähnliche Fisch ist für sein schreckliches Gebiss bekannt. Die spiralförmig angeordneten Zähne dienten wohl dazu, weiche Beutetiere ins Maul zu befördern.

Fossil von Helicoprion-Zähnen

# MEERESLEBEWESEN

Während der Kambrischen Explosion entstanden im Meer viele Formen von Wirbellosen. Das sind Tiere ohne Wirbelsäule wie Weichtiere und Gliederfüßer. Tiere mit ursprünglich weichem Körper entwickelten zum Beispiel Beine, fortschrittliche Augen oder eine Panzerung zu ihrem Schutz. Auch Wirbeltiere wie Haie und andere Fische bevölkerten die Meere.

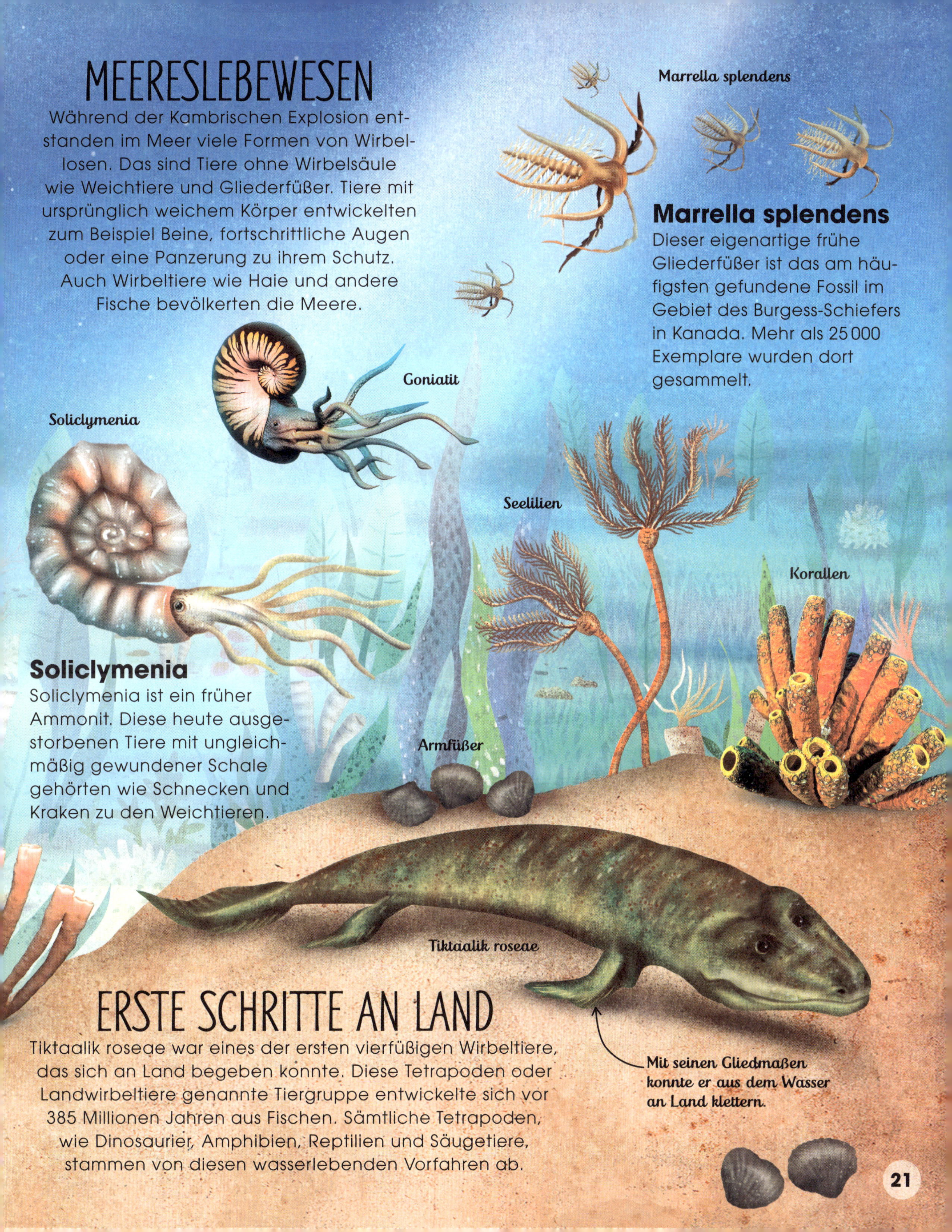


### Marrella splendens

Dieser eigenartige frühe Gliederfüßer ist das am häufigsten gefundene Fossil im Gebiet des Burgess-Schiefers in Kanada. Mehr als 25 000 Exemplare wurden dort gesammelt.

### Soliclymenia

Soliclymenia ist ein früher Ammonit. Diese heute ausgestorbenen Tiere mit ungleichmäßig gewundener Schale gehörten wie Schnecken und Kraken zu den Weichtieren.

# ERSTE SCHRITTE AN LAND

Tiktaalik roseae war eines der ersten vierfüßigen Wirbeltiere, das sich an Land begeben konnte. Diese Tetrapoden oder Landwirbeltiere genannte Tiergruppe entwickelte sich vor 385 Millionen Jahren aus Fischen. Sämtliche Tetrapoden, wie Dinosaurier, Amphibien, Reptilien und Säugetiere, stammen von diesen wasserlebenden Vorfahren ab.

# Estemmenosuchus

Estemmenosuchus ist Griechisch und bedeutet „gekröntes Krokodil". Allerdings sind diese seltsamen Geschöpfe aus dem Perm nicht mit Krokodilen verwandt. Was sind sie dann? Sie sahen aus wie eine Mischung aus Schwein, Krokodil und Dinosaurier. Tatsächlich aber sind sie Therapsiden – entfernte Verwandte heutiger Säugetiere.

**Sumpfbewohner**
Estemmenosuchus hatte eine ähnliche Haut wie Flusspferde. Vermutlich hielt er sich in Sumpf- und Feuchtgebieten auf.

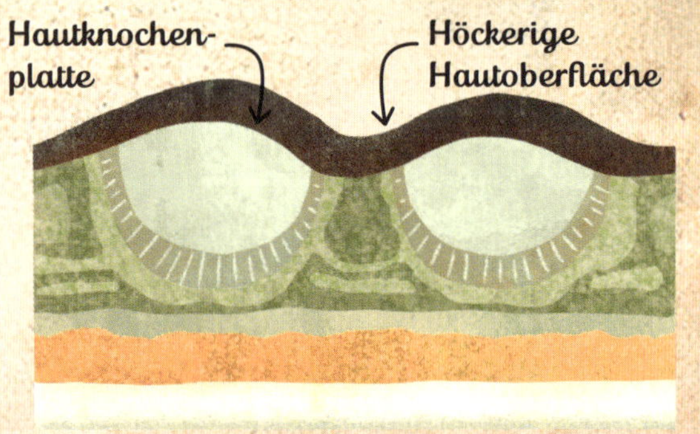


## Haut, Schuppen oder Fell?

Hautabdrücke vom Gesicht eines Estemmenosuchus zeigen: Er besaß keine Schuppen, sondern eine Haut wie unbehaarte Säugetiere. Hautknochenplatten ließen die Haut höckerig aussehen.

**Hörner zur Verteidigung**
Die beiden Hörner dienten vermutlich zur Verteidigung und Partnerwerbung.

## SCHRECKLICHE KÖPFE

Estemmenosuchus gehörte zu einer im Perm lebenden Gruppe der Therapsiden namens Dinocephalia. Das bedeutet „schreckliche Köpfe". Kein Wunder, bei diesem furchterregenden Aussehen des riesigen Schädels!

**Scharfe Zähne**
Die großen, spitzen Eckzähne wurden wahrscheinlich bei Kämpfen eingesetzt.

**Ein erwachsener Estemmenosuchus konnte 3 m lang werden – also länger als eine Kuh!**

**Fleisch- und Pflanzenfresser**
Estemmenosuchus ernährte sich als Allesfresser von Fleisch und von Pflanzen.

### Starker Kämpfer

Mit seinem gedrungenen, massigen Körper und den muskulösen Schultern besaß dieser Therapside enorme Kraft – vermutlich zum Überwältigen von Beute oder für Kämpfe mit Artgenossen.

# Pflanzen im Perm

Pflanzen bildeten eine wichtige Nahrungsquelle für die Landtiere im Perm. In den Sümpfen wuchsen baumhohe Bärlapp-Pflanzen, üppige Farne und Schachtelhalme, an trockeneren Stellen Ginkgo- und Nadelbäume.

## Lebende Fossilien

Manche dieser Pflanzen sehen aus wie aus einer anderen Welt. Die meisten Gruppen haben alle Aussterbewellen überlebt. Ihre Nachfahren existieren heute noch auf der Erde.

## KONIFEREN

Koniferen oder Nadelbäume wie Walchia wuchsen sehr hoch und bildeten in trockeneren Gebieten schattenspendende Baumwipfel.

## GINKGOS

Ginkgo-Bäume bilden keine Blüten. Sie vermehren sich durch Ausbreitung ihrer Samen und haben einen gemeinsamen Vorfahren mit den Palmfarnen.

**Durch die Erforschung von Fossilien des Samenfarns Glossopteris fanden Forschende heraus, dass die südlichen Kontinente der Erde einst zu dem Großkontinent Gondwana verbunden waren.**

## PALMFARNE

Palmfarne besitzen einen holzigen Stamm mit einer Krone aus großen, steifen Blättern. In manchen Wäldern kommen sie auch heute noch vor.

## SCHACHTELHALME

Zu den Schachtelhalmen gehören auch die Kalamiten: ausgestorbene, baumartige Pflanzen, die bis zu 50 m hoch wurden.

## SAMENFARNE

Samenfarne waren die ersten Pflanzen, die zur Fortpflanzung Samen statt Sporen bildeten.

## BÄRLAPPE

Bärlappe wie Lepidodendron erreichten bis zu 50 m Höhe. Ihre Blätter wuchsen direkt am Stamm.

# Das Große Sterben

Das größte Massenaussterben, das jemals auf der Erde stattfand, ereignete sich an der Grenze vom Perm zur Trias. Damals starben unglaubliche 90 Prozent aller Meereslebewesen und 70 Prozent aller Landlebewesen aus.

## Wer starb aus?

Die Erde wurde immer heißer und trockener. Dadurch verschwanden die Wälder und mit ihnen die Tiere, die in ihnen Nahrung und Unterschlupf fanden. Die meisten großen Reptilien starben aus, während kleine, anpassungsfähige Organismen überlebten.

## Das Aussterben am Übergang Perm-Trias

Das Große Sterben begann vor 252 Millionen Jahren am Ende des Perms. Wegen des sich wandelnden Klimas geschah dieses Massenaussterben langsam und allmählich über einen längeren Zeitraum – im Gegensatz zum Aussterben am Ende der Kreidezeit: Bei diesem starben alle Dinosaurier recht plötzlich – mit Ausnahme der Vögel.

Vulkanausbrüche in Sibirien könnten eine der Hauptursachen für dieses Aussterben gewesen sein.

**Pflanzenwelt**
Als erste Arten waren vermutlich Pflanzen von diesem Aussterben betroffen.

Das gesamte Aussterben dauerte **3–15 Mio. Jahre.**

**Der Überlebende**
Lystrosaurus konnte Höhlen graben. Deshalb überlebte er wohl das Aussterben.

## Wer überlebte

Der kleine Lystrosaurus überlebte. Er zählte zu den Dicynodontia, einer Gruppe der Therapsiden oder säugetierähnlichen Reptilien. Ebenso überlebten die Cynodontia. Hierzu gehörten auch die Vorfahren der Säugetiere. Die Überlebenden der rauen Umwelt brachten eine neue Gruppe hervor: die Dinosaurier.

## Was war die Ursache?

Verursacht wurde das Massenaussterben durch einen Wandel des Klimas. Bei gewaltigen Vulkanausbrüchen in Sibirien, im heutigen Russland, wurde Kohlendioxid freigesetzt. Das Kohlendioxid bewirkte einen Anstieg der Temperaturen auf der Erde und die Ozeane wurden saurer. Das überlebten viele Lebewesen nicht.

**Kämpfende Dinosaurier**
Hier siehst du einen T. rex und einen Triceratops in einer Ausstellung im Naturhistorischen Museum von Los Angeles (NHMLA) in den USA.

# DAS ZEITALTER DER DINOSAURIER

**Nach dem Aussterben am Übergang vom Perm zur Trias erholte sich das Leben langsam wieder und eine neue Tiergruppe entstand: die Dinosaurier. Sie entwickelten sich zu den größten Landtieren, die je auf der Erde lebten.**

Die ersten Dinosaurier tauchten vor 250 Millionen Jahren auf. Es gab diese Tiere dann 180 Millionen Jahre lang. Dank der Paläontologie können wir heute in Museen auf der ganzen Welt Knochen, Fußabdrücke, Koprolithen (versteinerten Kot), Eier und viele andere Dinofossilien bestaunen. Lies weiter und erfahre mehr über die faszinierende Welt der Dinosaurier.

# Mesozoikum

Das Mesozoikum oder Erdmittelalter wird in drei Zeitabschnitte unterteilt. Warum? Weil das Ende jeder dieser Perioden für ein großes Aussterben steht, bei dem viele Tier- und Pflanzengruppen verschwanden. Danach entwickelten sich wieder neue, die deren Platz einnahmen. Alle drei Massenaussterben des Mesozoikums hatten jeweils eine eigene Ursache.

## TRIAS

### Anfänge der Dinosaurier (vor 252–201 Mio. J.)

Das Aussterben am Ende des Perms überlebten nur sehr wenige Tiere. Die verbliebenen konnten sich in der Trias weiterentwickeln und die Plätze der ausgestorbenen einnehmen. Aus kleinen, zweibeinigen Archosauriern gingen die Dinosaurier hervor. Die ersten Meeresreptilien entstanden. Ein durch Vulkanausbrüche bedingter Klimawandel beendete diese Periode.

**Drei der fünf größten Massenaussterben fanden im Mesozoikum statt.**

# JURA

## Zeit der Giganten (vor 201–145 Mio. J.)

Der Superkontinent Pangäa brach auseinander. Ichthyosaurier und Plesiosaurier beherrschten die Meere, Sauropoden das Land und Pterosaurier die Lüfte. Kleine Säugetiere und Vögel entstanden. Klimaveränderungen und sinkender Sauerstoffgehalt in den Meeren kennzeichneten das Ende dieser Periode.

# KREIDE

## Ende der Dino-Ära (vor 145–66 Mio. J.)

Unterschiedliche Dinosaurier entwickelten sich, vom kleinsten Theropoden Microraptor bis zum größten Sauropoden Patagotitan. Erste Blütenpflanzen entstanden. Überall auf der Erde, sogar in der Antarktis, waren Dinosaurier, Pterosaurier, Meeresreptilien und Pflanzen verbreitet. Die letzte Periode der Dinosaurier (Vögel ausgenommen) dauerte 79 Mio. Jahre, bis zum Massenaussterben am Ende der Kreide.

### Brachte der Regen die Dinosaurier?

Gegen Ende der Trias, vor 234–232 Millionen Jahren, wandelte sich das Klima von sehr heiß zu feucht. Man spricht von der Regenzeit des Karniums. Vulkanausbrüche in Kana-da setzten große Mengen an Treibhausgasen frei. Das führte zur Erwärmung der Erde und weltweit für 1–2 Millionen Jahre zu ergiebigen Regenfällen. Als Folge davon gediehen Pflanzen und bei den Dinosauriern entwickelten sich viele neue Arten.

# Tiere der Trias

Durch die klimatischen Veränderungen am Ende des Perms wurden die Umweltbedingungen in Wasser und Luft so lebensfeindlich, dass viele Lebewesen ausstarben. Während der darauffolgenden Trias wurde die Luft wieder besser und das Leben erholte sich. Es entstanden erste Säugetiere, Dinosaurier und Pterosaurier.

**Eoraptor**

## DINOSAURIER

Das Becken dieser Reptilien war anders geformt. Dadurch waren die Beine unter dem Körper positioniert.

### Dinosaurier-Revolution

Nach dem Massenausssterben am Übergang vom Perm zur Trias entwickelten sich aus einer Gruppe kleiner Reptilien die größten Tiere, die jemals auf der Erde lebten: die Dinosaurier.
Durch die spezielle Ausbildung ihres Beckens befanden sich ihre Beine unter dem Körper und waren nicht zur Seite abgespreizt. So konnten die Dinosaurier aufrecht gehen und laufen, erfolgreich Nahrung finden und schneller vor Feinden fliehen.

**Eudimorphodon**

## PTEROSAURIER

Die Vertreter dieser ausgestorbenen Reptilien-Gruppe, auch Flugsaurier genannt, konnten als erste Wirbeltiere fliegen – noch vor Vögeln und Fledermäusen.

## PSEUDOSUCHIA

Zu diesen Archosauriern gehörten Aetosaurier, Phytosaurier und Poposaurier. Sie waren alle nahe Verwandte der heutigen Krokodile.

**Phytosaur**

## ARCHOSAURIER

Der Name Archosaurier bedeutet „herrschende Echsen". Es handelt sich um eine vielfältige Gruppe von Reptilien, die auch die Vorfahren der Vögel und Krokodile umfasst. Vögel und Krokodile haben als einzige Archosaurier bis heute auf der Erde überlebt.

Ericiolacerta

**Ursprünge der Säugetiere**
Viele der Merkmale heutiger Säugetiere waren ursprünglich schon bei den Therapsiden vorhanden: etwa vier unter dem Körper sitzende Gliedmaßen.

Siriusgnathus

Elephantosaurus

## THERAPSIDEN

Aus dieser eigenartigen Tiergruppe entwickelten sich vor 201 Millionen Jahren die Säugetiere. Den Therapsiden gelang es zu überleben, weil sie klein und nachtaktiv waren und ihre Körpertemperatur regulieren konnten.

Die Trias war eine Periode der Erholung und großer Veränderungen.

Peltobatrachus

Eryops

Gerrothorax

## TEMNOSPONDYLI

Bei diese Gruppe großer Amphibien handelte es sich um Verwandte der heutigen Frösche und Salamander. Sie gehörten zu den ersten Wirbeltieren, die sich vor 330 Mio. Jahren an das Leben an Land anpassten.

Morganucodon

**Kleines Tierchen**
Morganucodon war nur 10 cm lang und ähnelte einer Maus oder Spitzmaus.

## ECHTE SÄUGETIERE

Die ersten Säugetiere gingen vor 201 Millionen aus den Therapsiden hervor. Sie besaßen ein Fell und waren nicht größer als Mäuse. Säugetiere sind die einzigen heute noch auf der Erde lebenden Therapsiden.

Megalancosaurus

**Leben in Bäumen**
Drepanosaurier besaßen Greifschwänze zum Festhalten an Ästen. Manche hatten auch daumenartige Zehen zum Greifen.

Drepanosaurus

## DREPANOSAURIER

Diese frühen Reptilien waren keine Chamäleons, sahen aber ganz ähnlich aus! Sie passten sich ähnlich an das Leben in den Bäumen an und ernährten sich von Insekten und anderen Kleintieren.

# DER ERSTE RIESE DER ERDE

Cymbospondylus war ein Ichthyosaurier oder Fischsaurier. Dieses Reptil lebte vor 244 Millionen Jahren und war das größte Lebewesen seiner Zeit. Mit einer Länge von 17 Metern war der Koloss so groß wie ein Pottwal.

# Meere in der Trias

Nach dem Aussterben vieler Tiergruppen am Ende des Perms entstanden in den Meeren der Trias zahlreiche verschiedenartige Reptilien. Neu entwickelte Merkmale wie Füße mit Schwimmhäuten und paddelartige Schwänze machten sie zu erfolgreichen Jägern und zu den Herrschern der Meere.

**Nahrung für den Riesen**
Der riesige Cymbospondylus ernährte sich von Ammoniten, Fischen und Tintenfischen. Vielleicht erbeutete er sogar auch kleinere Meeresreptilien.

Nothosaurus

## Nothosaurus

Dieses Meeresreptil wurde 4 m lang. Mit dem langen, schlanken Körper und den Schwimmhäuten zwischen den Zehen hatte dieser Fischjäger der Trias vermutlich eine ähnliche Lebensweise wie die heutigen Robben.

Atopodentatus

## Atopodentatus

Dieses Tier war einer der ersten Pflanzenfresser der Meere. Seine nadelspitzen Zähne erinnern an einen Reißverschluss. Mit ihnen weidete er Algen vom sandigen Meeresboden ab. Das erste Atopodentatus-Fossil wurde 2014 in China gefunden.

Der **kräftige Schwanz** diente zum Schwimmen.

In der Trias bildete der größte Teil des Festlands der Erde eine große, von Meer umgebene Landmasse.

Belemniten

**Auf dem Speiseplan**
Die schwammigen Belemniten ähnelten Tintenfischen. Für viele Meeresbewohner bildeten sie eine wichtige Nahrungsquelle.

# Das Tal des Mondes

In der Provinz San Juan in Argentinien befindet sich eine der besten Fundstellen für Fossilien aus der frühen Trias: das Tal des Mondes – Valle de la Luna –, benannt nach seinem mondähnlichen Aussehen. Die ältesten Dinosaurier-Fossilien wurden in der Ischigualasto-Formation gefunden. Ihr Alter wurde auf rund 227 Millionen Jahre berechnet.

**Erste Dinosaurier**
Dieses Tal war der Lebensraum einiger der frühesten bekannten Dinosaurier.

## FRÜHERE LANDSCHAFT

Einst war diese heute trockene, heiße Landschaft eine üppig bewachsene Flussniederung. Ergiebige Regenfälle sorgten für reißende Flüsse und saftiges Grün. Hier lebten Herrerasaurus, Eoraptor, Pisanosaurus, Aetosaurier, Dicynodontia, Amphibien, Rhynchosaurier und Cynodontia.

## Eine außergewöhnliche Fundstelle

Im Lauf der Zeit bedeckte immer mehr Asche von Vulkanausbüchen das Tal. Darin blieben zahlreiche verschiedene Lebewesen als Fossilien erhalten. Zum Beispiel 40 m hohe Stämme des Baums Protojuniperoxylon ischigualastianus, Reptilien wie Rhynchosaurier und Dinosaurier wie Eoraptor.

Rhynchosaurier

**Pflanzenfresser**
Rhynchosaurier waren 1–2 m lange, pflanzenfressende Reptilien. Sie besaßen eine Art Schnabel, große Zahnplatten und kräftige Krallen zum Graben.

## VOM WIND GESCHLIFFEN

Im Lauf der Zeit wurden der Sandstein und das Schlammgestein des Ischigualasto-Naturreservats durch den Wind zu fantastischen Formen geschliffen. Das nennt man Winderosion. Dadurch wurden die Gesteinsschichten freigelegt, die von Flüssen in der Trias abgelagert wurden.

**Geschichtetes Gestein**
Paläontologen suchen in den verschiedenen Gesteinsschichten nach darin erhaltenen Fossilien.

Hier wurden 1958 die ersten **Herrerasaurus-Knochen** gefunden.

## Entdeckung von Herrerasaurus

Dies ist einer der frühesten Dinosaurier, die man aus Fossilfunden kennt. Jahrelang wussten Forschende nicht, ob es sich wirklich um einen Dinosaurier handelt, da sie immer nur Teile fanden. Erst durch den Fund eines fast vollständigen Skeletts mit Schädel im Jahr 1988 im Ischigualasto-Naturreservat konnte Herrerasaurus offiziell als Echsenbeckensaurier klassifiziert werden.

Herrerasaurus

# Die Zeit des Jura

Während des Jura zerbrach Pangäa allmählich in die beiden getrennten Kontinente Laurasia und Gondwana. Vulkanausbrüche führten dazu, dass das Klima weltweit wärmer und tropischer wurde. Die Dinosaurier entwickelten eine Vielzahl unterschiedlicher Formen und Größen.

**Panzerung**
Die Haut der Thyreophora – wie Gargoyleosaurus – war mit dicken Knochenplatten gepanzert.

*Gargoyleosaurus*

## Entwicklung von Feindabwehr

Als die fleischfressenden Dinosaurier immer größer wurden, entwickelten einige pflanzenfressende Formen Merkmale zu ihrem Schutz. Gepanzerte Dinosaurier überlebten Angriffe eher und konnten die nützlichen Merkmale an ihre Nachkommen vererben. Mit der Zeit wurden ihre Stacheln und Panzer immer größer und stärker.

*Stegosaurus*

**Stacheln zur Abwehr**
Die spitzen, kräftigen Schwanzstacheln wurden als Waffen gegen Allosaurus und Ceratosaurus eingesetzt.

## Giganten des Jura

Dinosaurier mit sehr langem Hals aus der Gruppe der Sauropoden waren die größten Landtiere der Erde. Wegen ihrer gewaltigen Größe konnten sie höhere Baumwipfel erreichen als alle anderen Pflanzenfresser und wurden seltener von Beutegreifern angegriffen.

**Langer Hals**
Brachiosaurus war daran angepasst, Blätter aus Baumkronen zu fressen.

**Urzeitlicher Gleitflieger**
Dieses frühe Säugetier besaß zwischen den Gliedmaßen Flughäute zum Gleitflug.

**Frühes Säugetier**
Das zum Gleitflug fähige Volaticotherium lebte vor 200 Millionen Jahren im Gebiet des heutigen Chinas. Es ist eines der ersten bekannten Säugetiere und einer unserer frühesten Verwandten.

## Vielfalt an Säugetieren

Im Jura entwickelte sich aus Vorfahren der Trias eine große Artenvielfalt an Säugetieren. Darunter waren Bibern ähnelnde Tiere namens Castorocauda und die kleinen Multituberculata, die Nagetieren ähnlich sahen.

**Mini-Tier**
Das winzige Hadrocodium war nur so groß wie eine Büroklammer.

**Mausgroßes Säugetier**
Fell und Zähne des 10 cm langen Megazostrodon ähnelten denen von Nagetieren.

# Yi qi

Ist dieses Tier ein Drache, eine Fledermaus oder ein Vogel? Gar nichts davon! Es gehört zu einer Familie der Dinosaurier namens Scansoriopterygidae. Yi qi ist Chinesisch und bedeutet „seltsamer Flügel". Man hat zwar auch bei anderen Dinosauriern lange Arme, verlängerte Finger und zum Sitzen auf Ästen geeignete Füße gefunden, aber Vertreter dieser Familie waren die Ersten mit Flügeln aus einer Flughaut.

Bisher wurde **nur ein einziges Fossil** von Yi qi gefunden.

## Ein ungewöhnlicher Dinosaurier

Die Scansoriopterygidae bildeten eine außergewöhnliche Gruppe von Dinosauriern, die an das Leben in Bäumen angepasst waren. Zwar besaßen sie Flügel, konnten aber nur Gleiten. Sie waren die kleinsten flugunfähigen Dinosaurier – Yi qi war nur etwa taubengroß.

**Finger am Flügel**
Yi qi besaß drei Finger, mit denen er klettern und Beute greifen konnte.

**Flügel**
Die Flügel wurden von einer dicken Flughaut gebildet – ähnlich wie die einer Fledermaus.

**Flügel-Stütze**
Dieser verlängerte Knochenfortsatz war eine spezielle Anpassung zum Aufspannen der Flughaut.

**Federn**
Der Körper von Yi qi war größtenteils dicht von Federn bedeckt. Vermutlich besaß er lange Schwanzfedern zum Ausbalancieren beim Gleitflug.

**Füße mit Krallen**
Mit den gebogenen Krallen konnte Yi qi Zweige umklammern und Beutetiere packen.

# EVOLUTION DES FLIEGENS

Die Fähigkeit zu fliegen hat sich bei mehreren verschiedenen Wirbeltier-Gruppen entwickelt: bei Vögeln, Fledermäusen, Pterosauriern und Scansoriopterygidae. Bei allen entstanden die Flügel aus den Hand- und Armknochen. Gleiche Knochen haben in der Abbildung unten jeweils dieselbe Farbe.

**Vögel**

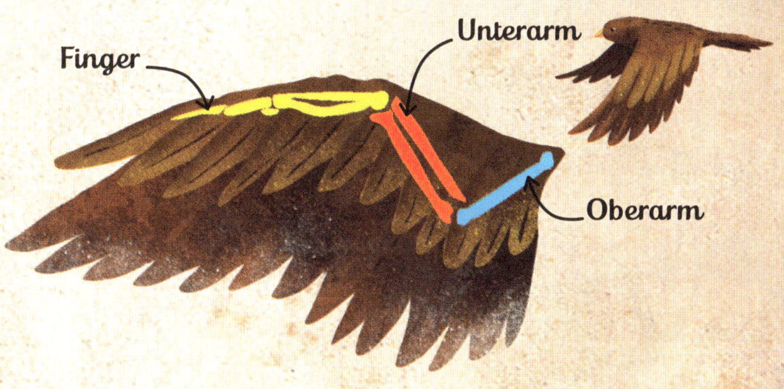


**Fledermäuse**

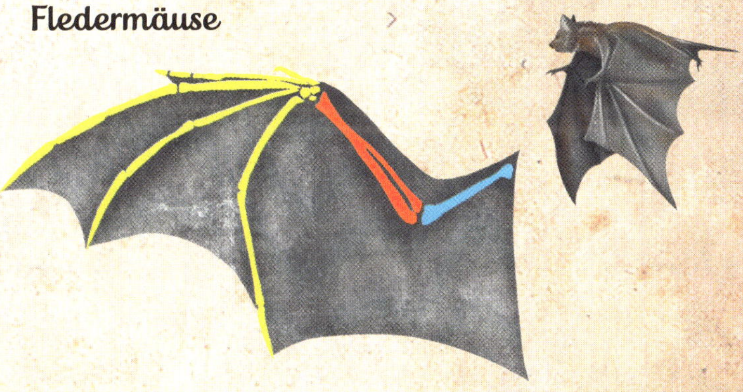

**Pterosaurier**

**Scansoriopterygidae**

# Meere im Jura

Als Pangäa vor 200 Millionen Jahren in kleinere Kontinente zerbrach, füllten neue Ozeane die Räume zwischen ihnen aus, wie das Sundance-Meer und das Tethys-Meer. Diese warmen, seichten Meere waren voller Leben, von Korallenriffen bis zu riesigen Meeresreptilien.

Ophthalmosaurus

**Ophthalmosaurus**

Dieser 6 m lange Ichthyosaurier hatte die größten Augen aller Fischsaurier. Mit einem Durchmesser von 22–23 cm waren sie fast so groß wie Basketbälle!

**Ammoniten**

Für viele Räuber der Meere bildeten Ammoniten eine reiche Nahrungsquelle. In Koprolithen anderer Tiere fand man vollständige Ammoniten und deren schnabelartige Kiefer!

Ammoniten

Pfeilschwanzkrebs

## WIRBELLOSE TIERE

Bei einem Tauchgang zum Grund eines Jura-Meers hätte man eine einen reichhaltigen Lebensraum vorgefunden: Korallenriffe, Stachelhäuter und Würmer bis zu Seelilien, Krebstiere und große Schnecken. Pfeilschwanzkrebse entwickelten sich schon vor 500 Mio. Jahren und sind heute noch in den Meeren anzutreffen.

## Leedsichthys

Dieser 20 m lange Fisch schwamm mit weit geöffnetem Maul durchs Meer und filterte dabei Plankton – winzige Pflanzen und Tiere – als Nahrung aus dem Wasser.

## Belemniten

Diese tintenfischartigen Tiere packten ihre Beutefische mit Haken an ihren Fangarmen. Um Feinden zu entkommen, stießen sie schwarze Tinte aus und schossen davon.

## Liopleurodon

Der 6,60 m lange Liopleurodon war ein Pliosaurier – ein Plesiosaurier mit kurzem Hals und gewaltigen Kiefern. Er jagte andere große Meerestiere, darunter sogar Ichthyosaurier.

Archaeopteryx

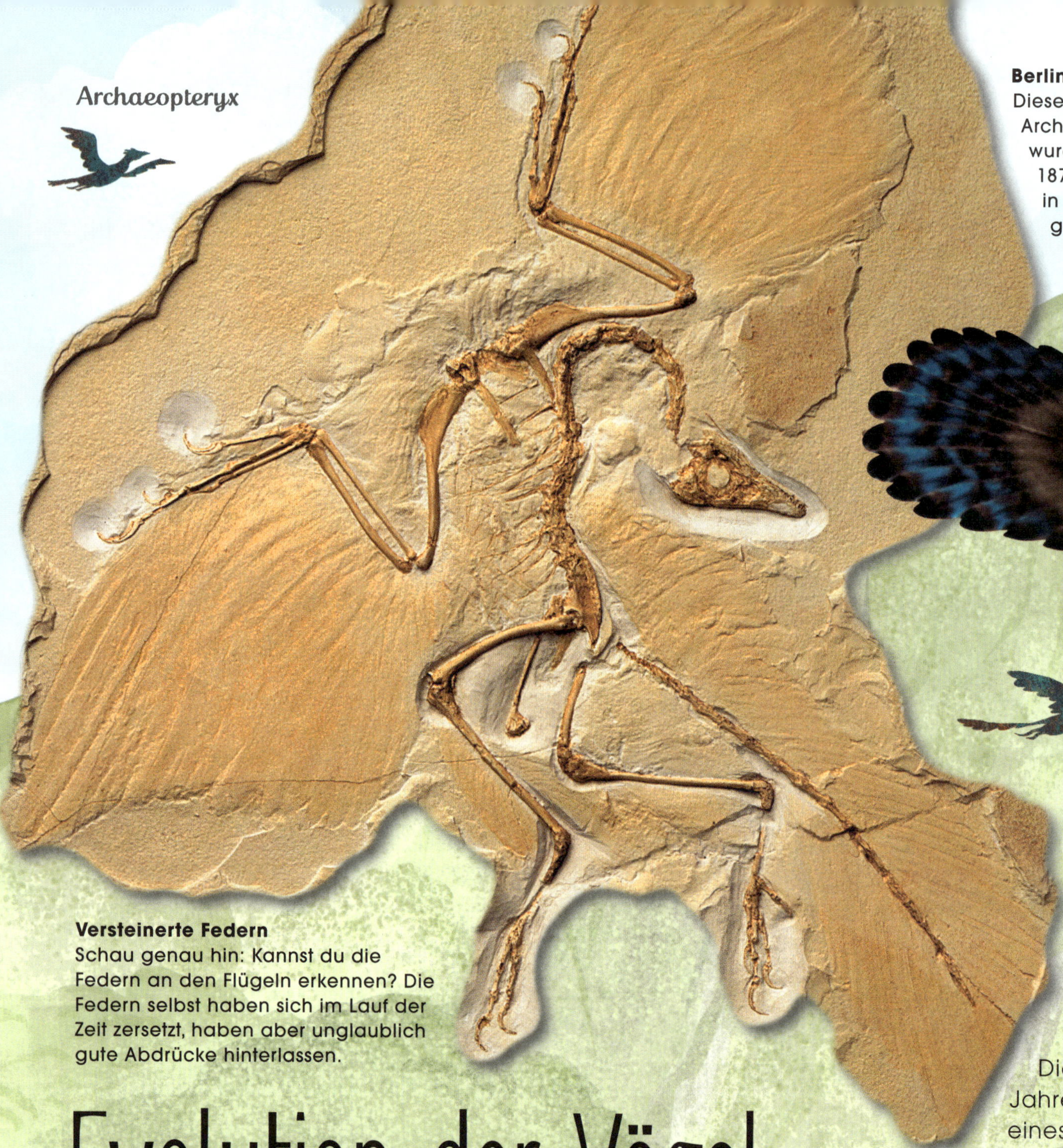

**Berliner Exemplar**
Dieses Fossil von Archaeopteryx wurde zwischen 1874 und 1876 in Deutschland gefunden.

**Versteinerte Federn**
Schau genau hin: Kannst du die Federn an den Flügeln erkennen? Die Federn selbst haben sich im Lauf der Zeit zersetzt, haben aber unglaublich gute Abdrücke hinterlassen.

# Evolution der Vögel

Vögel gehören zu unserem Leben einfach dazu. Aber hast du jemals darüber nachgedacht, woher sie stammen? Als Forschende den Dinosaurier Archaeopteryx fanden, wurde ihnen klar, dass Vögel Verwandte der Dinosaurier sind. Die Vorfahren der Vögel überlebten das Aussterben, dem alle anderen Dinosaurier zum Opfer fielen.

## Feder-Fossil

Diese 150 Mio. Jahre alte Feder eines Archaeopteryx war der erste fossile Nachweis einer Feder. Mehr als 150 Jahre lang rätselte die Wissenschaft, welchem Tier sie wohl gehörte.

## Dinosaurier oder Vogel?

Archaeopteryx besaß einen langen, knöchernen Schwanz, drei Zehen an jedem Fuß und Zähne wie ein Dinosaurier, aber auch Flügel und hohle Knochen wie ein Vogel. Dieser Mix macht ihn zu einer Übergangsform zwischen Dinosaurier und Vogel!

**Nützliche Federn**
Federn sind hilfreich beim Fliegen, halten warm und sind attraktiv bei der Partnersuche.

*Archaeopteryx*

## GEFIEDERTE DINOSAURIER

**Seit der Entdeckung von Archaeopteryx wurden noch viele weitere Theropoden-Dinosaurier mit Federn gefunden, viele davon in China.**

*Velociraptor*

*Sinosauropteryx*

## Entdeckung fossiler Farben

Mithilfe von hochauflösenden Mikroskopen untersuchen Forschende Federn nach sogenannten Melanosomen. Diese winzigen Strukturen enthalten den Farbstoff, der etwa für die Farbe von Haut, Haaren oder Federn verantwortlich ist.

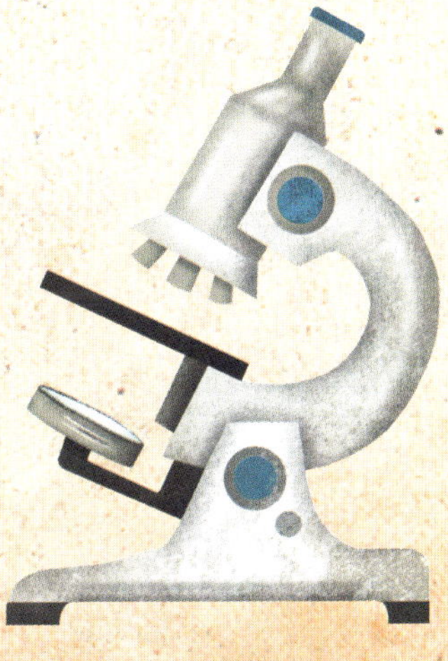

**Farben erkennen**
Mit Mikroskopen können Forschende Farben in Fossilien erkennen.

## Dinosaurier unter uns

Vögel gehören zu den Vogelbeckensauriern, die das Massenaussterben überlebten. Somit leben heute über 10 000 Arten von Dinosauriern zusammen mit uns auf der Welt!

Ostrich

# Die Jura-Küste

Die steilen Klippen aus grauem Schiefer im Süden Englands sind voller Schätze aus dem Jura. Das Küstengebiet in der Umgebung des Orts Lyme Regis gehört zu den berühmtesten und reichhaltigsten Fundstätten der Welt. Diese Steilküste wird Jura-Küste oder Jurassic Coast genannt und enthält Millionen von versteinerten Ammoniten, Ichthyosauriern und Plesiosauriern, die gelegentlich an den Strand gespült werden.

**Klippen aus dem Jura**
Die Klippen aus Schiefer und Kalkstein enthalten unzählige, 200 Mio. Jahre alte Lebewesen aus den Meeren des Jura.

## Berühmte Fossilien-Sucherin

Mary Anning wuchs im 19. Jahrhundert in Lyme Regis auf. Um zum Unterhalt ihrer Familie beizutragen, sammelte sie Fossilien und verkaufte diese an Touristen. Mary war erst 12 Jahre alt, als sie 1811 in der Nähe ihres Zuhauses das erste Ichthyosaurier-Skelett entdeckte. Damals durften Frauen noch nicht Mitglied der Geologischen Gesellschaft werden. Daher musste sie sich alles selbst beibringen und dazu unzählige Forschungsberichte lesen.

## Pterosaurier

Im Alter von 29 Jahren fand Mary Dimorphodon, den ersten in England gefundenen Flugsaurier. Dieses Exemplar ist heute im Naturhistorischen Museum in London ausgestellt.

*Dimorphodon macronyx*

## Ichthyosaurier

Im Alter von 12 Jahren fand Mary das erste Skelett eines Ichthyosauriers. Im Brustkorb sind noch Knochen und Schuppen von seiner letzten Fisch-Mahlzeit zu erkennen!

*Ichthyosaurus anningae*

**Versteinerter Fisch**
Dieses sehr gut erhaltene Fossil fand Mary um 1828.

*Dapedium politum*

# MARYS ENTDECKUNGEN

Mary machte schon in jungen Jahren mehr Entdeckungen als die meisten Paläontologen heutzutage. Mit ihrem Beitrag konnte sie beweisen, dass die Erde viel älter war, als damals vermutet und, dass es vor den Säugetieren ein Zeitalter der Reptilien gab.

**Koprolithen**
Fossilen-Kot, sogenannte Koprolithen, findet man an der Jura-Küste häufig.

**Ammoniten**
Ammoniten sind Verwandte der Tintenfische und wurden früher Schlangensteine genannt.

## Plesiosaurier

Mary fand auch das weltweit erste Plesiosaurier-Skelett. Rhomaleosaurus war ein zu den Plesiosauriern gehörender Pliosaurier. Mit seinem langen Hals und den vielen spitzen Zähnen gehörte er zu den bedeutendsten Räubern in den Meeren des Jura.

*Rhomaleosaurus cramptoni*

**Belemniten**
Diese Weichtier-Fossilien wurden als Teufelsfinger bezeichnet.

# Dinosaurier-Klassifikation

Klassifikation nennt man die Einordnung von Lebewesen in Gruppen anhand ihrer Ähnlichkeiten oder Unterschiede. Indem wir all die verschiedenen Dinosaurier so einordnen, können wir vieles über ihre Entstehung, ihre Evolution und die Verwandtschaftsverhältnisse untereinander lernen.

Nyassasaurus

## DIE ERSTEN DINOSAURIER

Die ersten Dinosaurier tauchten in der frühen Trias vor 245 Millionen Jahren auf. Sie waren klein und liefen auf zwei Beinen. Über Millionen von Jahren entwickelten sie sich weiter und spalteten sich in verschiedene Gruppen oder Familien auf.

Eoraptor

**Echsenbecken**
Die Beckenknochen zeigen nach unten vorne.

## SAURISCHIA

**(Echsenbeckensaurier)**

Die zu den Saurischia gehörenden Dinosaurier waren näher mit den Vögeln verwandt als mit Triceratops. Viele hatten ähnliche Beckenknochen wie Echsen.

Hypsilophodon

**Vogelbecken**
Die Beckenknochen zeigen nach unten hinten.

## ORNITHISCHIA

**(Vogelbeckensaurier)**

Obwohl ihr Becken dem von Vögeln ähnelte, waren die Ornithischia näher mit Triceratops verwandt als mit den Vögeln.

**Thyreophora**

## Sauropodomorpha

**(Echsenfüßer)**

Sauropodomorpha waren pflanzenfressende, vierbeinige Dinosaurier. Sie hatten kleine Köpfe, lange Hälse und blattförmige Zähne.

## Theropoda

**(Tierfüßer)**

Diese fleischfressenden, zweibeinigen Dinosaurier hatten hohle Knochen und kurze Arme. Zu den Theropoda gehören auch alle heute lebenden Vögel.

## Pachycephalosauria

**(Dickkopfsaurier)**

Pachycephalosaurier waren zweibeinige Pflanzenfresser und sind wegen ihrer massigen Schädel mit verdickten Knochen und knöchernen Höckern und Vorsprüngen bekannt.

## Marginocephalia

## Ceratopsia

**(Horngesichter)**

Ceratopsia waren pflanzenfressende Dinosaurier mit Schnabel. Im späten Jura waren sie zunächst zweibeinig. Im Lauf von Millionen von Jahren wurden die meisten aber vierbeinig.

## Stegosauria

**(Plattenechsen)**

Stegosaurier waren vierbeinige Pflanzenfresser. Zum Schutz vor Feinden waren sie mit Knochenplatten und Stacheln bepanzert.

## Ankylosauria

**(Gebogene Echsen)**

Die pflanzenfressenden, vierbeinigen Dinosaurier besaßen zur Verteidigung keulenförmige Schwänze und eine dicke Panzerung.

## Ornithopoda

**(Vogelfüßer)**

Ornithopoda waren pflanzenfressende, zweibeinige Dinosaurier mit einem Schnabel. Ihre Zähne waren an Pflanzennahrung angepasst.

Der **Schädel** von Parasaurolophus war bis zu **1,6 m lang!**

**Langer Schwanz**
Der lange Schwanz half ihm, das Gleichgewicht zu halten, wenn er auf den Hinterbeinen stand.

## Was fraß er?

Nur Pflanzen! Blätter, Zweige und Kiefernnadeln standen auf dem Speiseplan dieser großen Pflanzenfresser. Zerkauen konnte er die harten Pflanzenbestandteile mithilfe von Tausenden abgeflachten Zähnen, sogenannten Zahn-Batterien.

Kiefernnadeln

# Parasaurolophus

Hadrosaurier, auch Entenschnabel-Dinosaurier genannt, waren große Pflanzenfresser der späten Kreidezeit. Der Hadrosaurier Parasaurolophus ist vor allem wegen seines ungewöhnlichen Knochenzapfens am Kopf bekannt. Fossilien von ihm wurden in ganz Nordamerika gefunden, von Neu-Mexiko in den USA bis Alberta in Kanada.

## Wozu diente der Knochenzapfen?

Parasaurolophus besaß einen sehr interessanten und einzigartigen Schädel. Der lange Knochenzapfen war innen hohl und diente zur Lauterzeugung. Wozu die Laute erzeugt wurden, ist unklar. Mit Computer-Modellen hat man herausgefunden, dass sich die Laute mit dem Alter veränderten. Erwachsene erzeugten tiefe, laute Töne, ähnlich denen einer Tuba, Jungtiere dagegen ein heller klingendes Quieken und Zirpen.

Fossiler Schädel von *Parasaurolophus*

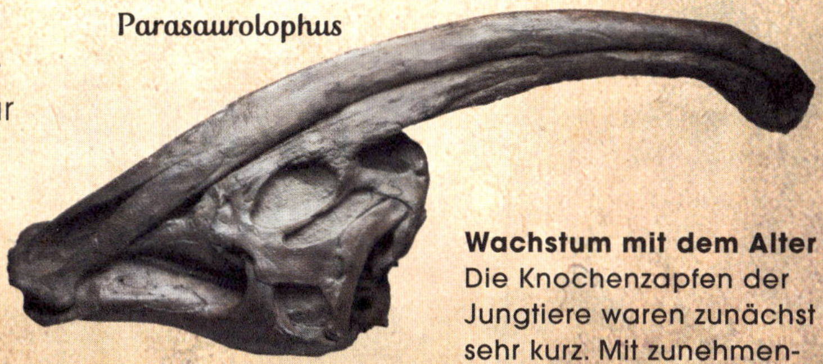

**Wachstum mit dem Alter**
Die Knochenzapfen der Jungtiere waren zunächst sehr kurz. Mit zunehmendem Alter wuchsen sie dann immer weiter.

**Zahnloser Schnabel**
Der kräftige, scharfe Schnabel bestand aus Keratin oder Hornsubstanz. Aus diesem Material bestehen auch Vogelschnäbel und Schildkrötenpanzer.

**Nach hinten gerichteter Zapfen**
Von jedem Nasenloch führten hohle Röhren in den Schädel. Sie dienten der Erzeugung von Lauten, vielleicht zur Verständigung.

Farne

Weil ihr Schnabel denen von Enten ähnelt, heißen Hadrosaurier auch Entenschnabel-Dinosaurier.

# Paläobiologie der Dinosaurier

Fossilien sind mehr als nur Versteinerungen – sie ermöglichen uns unglaubliche Einblicke in das Leben eines Tieres! Durch genaue Untersuchung des inneren Baus der Knochen, der Weichgewebe und der Koprolithen kann man alle möglichen Informationen über ausgestorbene Tiere gewinnen und Zusammenhänge verstehen.

Koprolith eines Pflanzenfressers

### Fossiler Kot

Was erfahren wir aus versteinertem Kot? Wenn man Koprolithen untersucht, kann man herausfinden, was das Tier gefressen hat. Das funktioniert beim Kot heutiger Tiere genauso. So hat die auf fossilen Kot spezialisierte Forscherin Dr. Karen Chin entdeckt, dass manche pflanzenfressenden Dinosaurier faulendes Holz und Krustentiere fraßen.

**Weichgewebe**
2005 fand die Paläontologin Dr. Mary Schweitzer erstmals echtes Weichgewebe im Innern des Oberschenkelknochens eines T. rex.

## WACHSTUM DER DINOS

Wie wuchsen Dinosaurier heran? Wenn man von einer Dinosaurier-Art Fossilien aus verschiedenen Lebensstadien untersucht, kann man herausfinden, wie die Tiere heranwuchsen und sich im Lauf ihres Lebens veränderten. Man nennt das Individualentwicklung. So wissen wir etwa genau, wie sich Triceratops entwickelte, weil von ihm sehr viele Fossilien gefunden wurden.

**Baby**
Bei einem Triceratops-Baby sind die Hörner noch ganz kurz, spitz und gerade.

**Jungtier**
Mit dem Wachstum des Körpers wachsen auch die Hörner und beginnen sich nach oben zu krümmen.

Ausguss des Gehirns eines T. rex

## Gehirne

Wie sahen Dinosaurier-Gehirne aus? Leider blieben die weichen, schwammigen Gehirne nicht als Fossilien erhalten. Stattdessen untersucht man Ausgüsse der Hohlräume im Schädel, in denen sich die weichen Teile befunden haben. Die Ausgüsse können durch natürlich eingelagertes Sediment entstanden sein, aus Kunststoff gegossen oder am Computer erzeugt werden.

## War der Dino männlich oder weiblich?

Vogel- und Dinosaurier-Weibchen legen Eier mit einer Schale aus Kalziumkarbonat (Kalk). Vor der Ei-Ablage müssen sie mehr Kalzium mit der Nahrung aufnehmen, um das Mineral nicht aus den Knochen gewinnen zu müssen. Das zusätzliche Kalzium wird im Markgewebe in den Oberschenkelknochen gespeichert. Wenn man bei einem Fossil dieses Gewebe findet, muss es ein Weibchen gewesen sein. Im Jahr 2000 wurde das Gewebe erstmals bei dem T. rex namens „B. rex“ entdeckt.

→

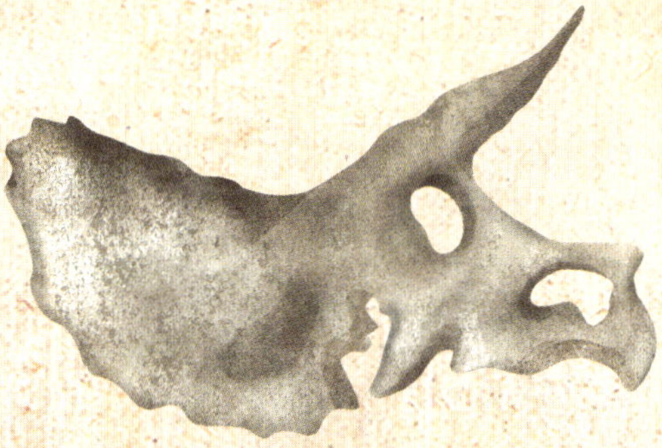

→

**Jugendlicher**
Wenn ein Triceratops fast seine volle Größe erreicht hat, werden die Hörner gerader.

**Erwachsener**
Bei einem voll ausgewachsenen Triceratops haben sich die Hörner nach vorn gebogen und im Nackenschild haben sich Löcher gebildet.

# Die Hell-Creek-Formation

Diese Lagerstätte ist eines der besterhaltenen Ökosysteme aus der späten Kreidezeit. Die Gesteinsschichten erstrecken sich über einige nördliche Bundesstaaten der USA, etwa Montana. In dem Gebiet werden zahlreiche Fossilien von Dinosauriern wie Tyrannosaurus rex und Edmontosaurus gefunden.

## LEBENSRAUM

Durch Nordamerika verlief ein warmes Meer und machte dieses Gebiet heiß und feucht. Es gab hier viele Dinosaurier, Pterosaurier, Krokodile und Meeresschildkröten.

### Ödland von Montana

Montana in den USA ist eine der besten Fundstellen für Fossilien der Hell-Creek-Formation. Indem wir die Schichten aus Schiefer, Tonstein und Sandstein und die darin eingeschlossenen Fossilien untersuchen, können wir viel darüber erfahren, wie dieses Ökosystem vor 66–68 Millionen Jahren aussah.

Pappel
Purgatorius
Edmontosaurus
Tyrannosaurus rex
Ginkgo
Farn
Tulpenbaum

# MEERE DER KREIDE

In den Meeren der Kreidezeit wimmelte es von Tieren wie riesigen Fischen, Plesiosauriern und Mosasauriern. Außerdem tummelten sich dort Meeresreptilien, Raubfische, Haie, tauchende Vögel und Meeresschildkröten von der Größe eines Autos.

**Elasmosaurus**
Dieser Plesiosaurier lebte vor 80 Millionen Jahren. Sein Hals war unglaubliche 7 m lang!

## Plesiosaurier

Plesiosaurier wie Elasmosaurus beherrschten die Meere in der Kreide. Viele dieser riesigen, fleischfressenden Reptilien hatten lange Hälse, spitze Zähne und große Flossen zum Schwimmen.

## Fische

Fische der Kreidezeit wie Xiphactinus erreichten die gewaltige Größe von 5–6 m und waren unersättlich. Im Magen mancher Xiphactinus-Fossilien, die in Kansas (USA) gefunden wurden, entdeckte man bis zu 2 m lange Beutefische.

**Tylosaurus**
Dieser Mosasaurier wurde bis zu 12 m lang. Zusätzliche Zahnreihen am Gaumen erleichterten ihm das Festhalten glitschiger Beute.

## Tauchende Vögel

Hesperornis war zwar ein Vogel, flog aber nicht. Zum Beutefang tauchte er ins Wasser und schnappte mit seinen rasiermesserscharfen Zähnen Fische.

## SEEWEGE IN DER KREIDE

Während der Kreidezeit war der nordamerikanische Kontinent von einem Meer, dem sogenannten Western Interior Seaway, in zwei Teile geteilt. Wegen dieses flachen, warmen Meers war das Klima dort tropisch und feucht.

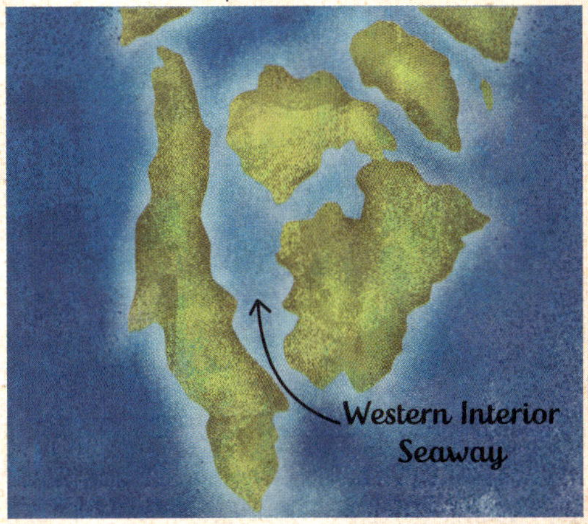

## Haie

Der Ursprung der altertümlichen Haie reicht 440 Millionen Jahre zurück! Der Hai Cretoxyrhina aus der Kreidezeit war so groß wie ein Weißer Hai. Er fraß alles, was ihm vor das Maul kam, selbst Mosasaurier, Pterosaurier, Dinosaurier und sogar tauchende Vögel.

## Riesige Schildkröten

Die ersten Meeresschildkröten entstanden im Jura vor 150 Mio. Jahren. Die größte Art hieß Archelon. Die Tiere konnte 4,6 m Länge und ein Gewicht von bis zu 4 Tonnen erreichen.

## Mosasaurier

Diese riesigen Meeresreptilien werden oft für Dinosaurier gehalten, sind aber näher mit Schlangen verwandt. Die meisten hatten scharfe Zähne zum Beutefang, andere runde flache Zähne zum Knacken von Schalen.

# Das Aussterben der Dinosaurier

Vor 66 Millionen Jahren starben die größten jemals auf der Erde lebenden Landtiere aus. Diesem riesigen Massenaussterben am Übergang von der Kreide zum Paläogen fielen alle nicht flugfähigen Dinosaurier, Ammoniten, fliegenden Reptilien, Meeresreptilien und viele andere zum Opfer.

**Aussterben von T. rex**
Tyrannosaurus rex war einer der letzten nicht flugfähigen Dinosaurier auf der Erde.

**75 % aller Lebewesen** starben damals aus!

## Was verursachte dieses Massenaussterben?

Ein Krater auf der Halbinsel Yucatan in Mexiko ist der Beweis dafür, dass der Einschlag eines riesigen Asteroiden einen Großteil aller Lebewesen auf der Erde ausgelöscht hat. Der Wissenschaft zufolge kam es zudem schon Millionen Jahre zuvor im sogenannten Dekkan-Trapp-Gebiet in Indien zu vielen Vulkanausbrüchen. Diese trugen vermutlich zu einem weltweiten Klimawandel bei, der ebenfalls über Millionen von Jahren zum Aussterben von Lebewesen führte.

# ÜBERLEBENSKÜNSTLER

Die bekannten Bärtierchen haben als einzige Lebewesen alle fünf Massenaussterben überlebt. Diese winzigen Wirbellosen können Giftstoffe, Strahlung und Austrocknung überstehen und sogar im Weltall überleben.

**Aasfresser**
Vögel überlebten wahrscheinlich wegen ihrer geringen Größe, weil sie fliegen konnten und wegen ihrer Ernährungsweise. Sie fraßen Samen, Insekten und Aas.

**Ohne Nahrung überleben**
Krokodile verlangsamten ihren Stoffwechsel und konnten dadurch monatelang ohne Nahrung auskommen.

## Die Überlebenden

Kein mehr als 25 kg schweres Landtier überstand das Massenaussterben. Nur die stärksten, anpassungsfähigsten Tiere überlebten, darunter Krokodile, Frösche und Echsen. Als einzige Dinosaurier überdauerten die Vögel.

5
1
3

**Ashfall-Hollow-Formation in Nebraska (USA)**
Diese Fossilien-Fundstätte ist für Hunderter versteinerter Nashörner bekannt, die dort gefunden wurden. Erhalten blieben sie durch die Asche eines Vulkanausbruchs vor 13–11 Millionen Jahren.

# NACH DEN DINOSAURIERN

**Nach dem Massenaussterben an der Kreide-Paläogen-Grenze begann die Blütezeit der Säugetiere. Sie entwickelten sich weiter, passten sich an und füllten die zuvor von Dinosauriern eingenommenen Plätze.**

Säugetiere sind überall um uns herum – du brauchst nur in den Spiegel zu schauen, dann sieht dich eines an! Denn auch der Mensch gehört zu den Säugetieren. Allmählich haben die Säugetiere den ganzen Planeten erobert: Zu ihnen gehören die größten Landtiere und Meerestiere, aber auch unzählige andere.
Lies weiter und erfahre mehr über die Tiergruppe, zu der auch du gehörst.

# Das Zeitalter der Säugetiere

Nach dem Asteroiden-Einschlag, der die Dinosaurier auslöschte, begannen sich Tiere und Pflanzen im danach folgenden Zeitalter, dem Känozoikum oder der Erdneuzeit, allmählich zu erholen. Im Mesozoikum oder Erdmittelalter wurden Säugetiere nicht größer als ein Waschbär. Ohne die Dinosaurier konnten die Säugetiere aber aus deren Schatten treten und sich in neuen Lebensräumen ausbreiten.

## PALÄOZÄN (VOR 66–56 MIO. J.)

Das Klima war tropisch und heiß, die Pole waren nicht von Eis bedeckt. Da es keine großen Pflanzenfresser gab, breiteten sich Wälder aus. Die erfolgreichsten Säugetiere dieses Zeitabschnitts waren die kleinen nagetierähnlichen Multituberkulata wie Taeniolabis. Viele heutige Vögel kann man bis zu dieser Zeit zurückverfolgen.

## EOZÄN (VOR 56–33 MIO. J.)

Aufgrund von Vulkanausbrüchen herrschte das wärmste Klima seit dem Massenaussterben an der Perm-Trias-Grenze. Die durchschnittliche Temperatur betrug 22–28 °C. In den damals tropischen Polargebieten wuchsen Palmen. Die Vorfahren der Huftiere wie Eohippus waren klein. Es gab massenhaft Pythons, Krokodile und Meeresschildkröten.

## OLIGOZÄN (VOR 33–23 MIO. J.)

Mit Abkühlung des Klimas bildeten sich an den Polen Eiskappen und die Meeresspiegel sanken. Wegen des Klimawandels gingen die tropischen Wälder zurück. Stattdessen dehnte sich Grasland aus und bot den frühen Pferden, Nashörnern und Kamelen viel Lebensraum. Raubtiere mussten neue Jagdstrategien lernen, um zu überleben.

**Menschen entstanden im Pleistozän. Ihre Vorfahren ähnelten Menschenaffen und entwickelten allmählich den aufrechten Gang, Werkzeug-Herstellung und Sprache.**

## HOLOZÄN (VOR 11 700 J. BIS HEUTE)

Das Holozän oder Anthropozän ist der Zeitabschnitt, in dem wir jetzt gerade leben. Die meisten Riesentiere der Eiszeit sind zwar ausgestorben, aber es gibt immer noch einige fantastische Tiere, deren Ursprünge bis zum Aussterben der Dinosaurier zurückreichen. Als Menschen sollten wir all unser Wissen über die vergangenen Erdzeitalter nutzen, um die Welt für die Zukunft zu bewahren.

Pelagornis

Gomphotherium

Purussaurus

Amphicyon

Glyptodon

Australopithecus afarensis

Megatherium

Otodus megalodon

Wollhaar-Mammut

Gigantopithecus

Homo sapiens

Megalania

## MIOZÄN (VOR 23–5 MIO. J.)

Dieser Zeitabschnitt war warm, das Klima kühlte aber weiter ab. Grasland weitete sich aus und bot großen Weidegänger-Herden wie den schweineähnlichen Merycoidodontiden Nahrung. Gleichzeitig entwickelten sich Knochen knackende Bärenhunde wie Amphicyon und mit den Elefanten verwandte Rüsseltiere wie Gomphotherium.

## PLIOZÄN (VOR 5–2 MIO. J.)

Das Klima des Pliozäns war etwas wärmer als das heutige. Zwischen Süd- und Nordamerika bildete sich eine schmale Landverbindung aus, der Isthmus von Panama. Über diese neue Landbrücke konnten Tiere zwischen den Kontinenten wandern: unter anderem das am Boden lebende Riesenfaultier Megatherium und das Riesengürteltier Glyptodon.

## PLEISTOZÄN (VOR 2 MIO.–11 000 J.)

Dieser Zeitabschnitt wird auch Eiszeitalter genannt. Viele nördliche Teile der Erde waren von massiven Eis-Schilden bedeckt. Während des Pleistozäns gab es mehrere Eiszeiten. In dieser Zeit haben sich der Mensch (Homo sapiens) und große Säugetiere entwickelt wie das Wollhaar-Mammut oder der riesige Menschenaffe Gigantopithecus.

# Wollhaar-Mammut

Menschen lebten zwar nicht zur gleichen Zeit wie Dinosaurier, aber zusammen mit Mammuts. Nur durch das Erlegen von Mammuts konnten die Menschen überleben. Die wollhaarigen Tiere zogen in der Eiszeit in Herden durch die verschneite Tundra.

**Beeindruckende Stoßzähne**
Mammut-Babys wurden schon mit Stoßzähnen geboren, die ihr Leben lang wuchsen. Sie sehen zwar aus wie Hörner, sind aber zwei stark verlängerte Schneidezähne – so wie deine vorderen Zähne.

## HÖHLEN-KUNST

Die Frühmenschen malten Tiere auf Felsen oder an Höhlenwände. Durch diese Malereien haben wir ein Bild davon, wie die Tiere damals aussahen. So wissen wir beispielsweise, dass Wollhaar-Mammuts Fettpolster auf dem Kopf und den Schultern hatten.

**Empfindsamer Rüssel**
Der Rüssel des Mammuts wurde von Nase und Oberlippe gebildet. Er diente zum Riechen, Atmen, Tasten und Greifen.

## Überleben in der Kälte

Das dichte, braune Fell der Wollhaar-Mammuts bestand aus zwei Schichten. Es bot ihnen Schutz vor dem eisigen Eiszeit-Klima und hielt sie warm.

**Wollmantel**
Paläontologen haben sogar im Eis eingefrorene Mammut-Haare entdeckt!

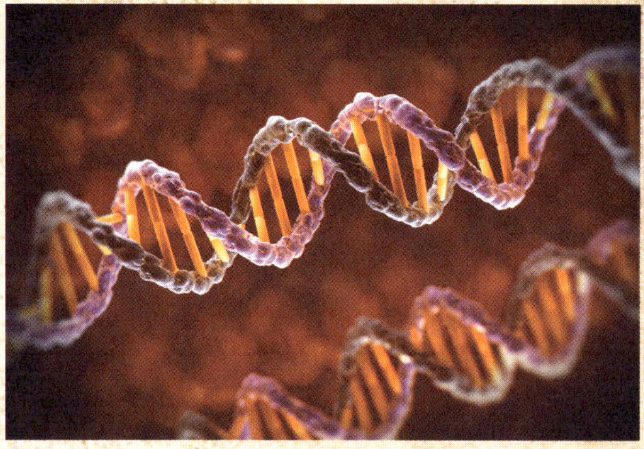

# WIEDERAUFERSTEHUNG

Von Mammuts, die im Eis erhalten blieben, konnten Forschende deren DNA gewinnen – diese enthält die gesamte genetische Information, die ein Mammut ausmacht. Die DNA liefert der Forschung neue Erkenntnisse über die Tiere – möglicherweise können sie sie damit sogar wiederauferstehen lassen. Weil das teuer ist, gibt es an diesem Vorhaben auch Kritik. Andere Forschende denken, dass das Geld eher in den Schutz der lebenden Arten investiert werden sollte.

## Warum starben sie aus?

Mammuts sind – neben anderen riesigen Säugetieren der Eiszeit – am Ende des Pleistozäns ausgestorben. Die genauen Ursachen kennen wir noch nicht. Vermutlich haben der Klimawandel und die Bejagung durch den Menschen eine Rolle gespielt.

# Riesen im Känozoikum

Nach dem Massenaussterben an der Kreide-Paläogen-Grenze erreichten nicht wenige Tiere allmählich wieder eine enorme Größe. Das Känozoikum hat einige der größten Tiere aller Zeiten hervorgebracht: vom größten jemals auf Erden lebenden Hai bis zu den gigantischen heutigen Walen.

**Größe**
Maximales Gewicht: 730 kg
Maximale Länge: 13 m

## BIZARRE RIESEN

Die Dinosaurier waren nicht die einzigen Riesen, die es auf der Erde gab. Tatsächlich waren einige Tiere des Känozoikums sogar noch riesiger und sonderbarer! Die hier abgebildeten Tiere lebten zu unterschiedlichen Zeiten im Känozoikum.

### Titanoboa

Das Känozoikum mag das Zeitalter der Säugetiere sein, aber dieses riesige Reptil übertraf alle. Die überdimensionierte Würgeschlange konnte riesige Fische, Meeresschildkröten und sogar ganze Krokodile verschlingen. Sie lebte vor 60–58 Millionen Jahren.

### Blauwal

Das größte Tier, das je existiert hat, lebt auch heute noch – der Blauwal. Dieser Bartenwal ernährt sich als Filtrierer: Er nimmt große Mengen Meerwasser auf und filtert garnelenähnliche Krebstiere heraus, die man Krill nennt.

**Größe**
Maximales Gewicht: 100 Tonnen
Maximale Länge: 30 m

## Paraceratherium

Dieses pflanzenfressende, hornlose Nashorn lebte vor 34–23 Millionen Jahren in Eurasien. Durch seine enorme Größe war es vor Feinden sicher.

**Größe**
Maximale Höhe: 7 m
Maximales Gewicht: 20 Tonnen
Maximale Länge: 9 m

## Otodus megalodon

Der größte Hai aller Zeiten lebte vor nur 3,6 Millionen Jahren. Der furchterregende Megalodon kam in allen Weltmeeren vor und fraß Wale, Delfine, Robben und Meeresschildkröten.

**Größe**
Maximales Gewicht: 103 Tonnen
Maximale Länge: 15 m

# DIE URZEIT UND DU

**Wer kann eigentlich Paläontologe oder Paläontologin werden? Jeder, auch du! Sich mit Fossilien zu beschäftigen macht Spaß und es gibt viele Wege in die Paläontologie.**

Als Wissenschaft gibt es die Paläontologie erst seit etwa 200 Jahren. Wie du in diesem Buch erfahren hast, haben sich die Organismen auf der Erde seit 3,5 Milliarden Jahren entwickelt und wir haben gerade erst damit angefangen, sie zu erforschen.

Bis du so weit bist, können immer noch viele faszinierende Fossilien entdeckt werden. Vielleicht auch von dir!

Lies weiter und erfahre, wie auch du die Urzeit erforschen kannst.

# Vom Gelände ins Labor

Fossilien sind Tausende bis Millionen Jahre alt und teilweise sehr zerbrechlich. Forschende verbringen einige Monate im Jahr damit, Fossilien auszugraben. Diese Arbeit im Gelände umfasst ganz verschiedene Schritte: Man muss wissen, wo man nach Fossilien suchen kann, muss sie finden, ausgraben, transportieren, reinigen und schließlich sicher aufbewahren.

**Vor der Fossilien-Suche muss das Gebiet geologisch kartiert werden.**

### Gelände-Arbeit: Fossilien finden

Paläontologen können nicht einfach irgendwo zu graben beginnen – sie müssen schon wissen, wo! So findet man etwa Spinosaurus und T. rex nicht am gleichen Ort und in gleich altem Gestein. T. rex lebte vor 66–68 Millionen Jahren in Nordamerika, Spinosaurus vor 99–93 Millionen Jahren in Ägypten. Geologische Karten zeigen die Schichten der Erdoberfläche und deren Alter. Eine solche Kartierung kann hilfreich sein, um ein bestimmtes Fossil finden zu können. Fossilien an der Oberfläche können auf weitere im Boden verborgene hindeuten.

## Präparation von Fossilien: Reinigung

Fossilien müssen sehr vorsichtig behandelt werden! Im Museum angekommen, werden die Fossilien von Präparatorinnen freigelegt. Mit kleinen, mechanischen Werkzeugen wie Nadeln und größeren, elektrischen Geräten entfernen sie vorsichtig Erde und Gestein, in die das Fossil eingebettet ist. Liegt es dann frei, reparieren sie Risse und Brüche mit Spezialklebern.

*Fossilien werden in Schubladen gelagert.*

## Paläontologische Sammlung: Aufbewahrung von Fossilien

Nach der Reinigung erhält jedes Fossil eine Nummer und wird in eine Metallschublade eines Spezialchranks gelegt. So haben die Paläontologinnen stets den Überblick und die Fossilien sind sicher aufbewahrt.

## Forschung: Untersuchung der Fossilien

Jedes gefundene Fossil wird letztlich Bestandteil einer Sammlung, die den Forschenden Antworten auf Fragen liefert. Je mehr Exemplare die Wissenschaft von einer Art hat, desto mehr Informationen bekommt sie über diese Tiere: wie sie herangewachsen sind, wie sie sich im Lauf ihres Lebens verändert haben und welche Krankheiten sie möglicherweise hatten.

# Was ist noch zu lernen?

Weil die Paläontologie erst seit 200 Jahren eine Wissenschaft ist, gibt es noch sehr viel zu lernen! Die Entwicklung neuer Technologien eröffnet neue Möglichkeiten, Fossilien zu untersuchen. Bisher wissen wir nur einen Bruchteil dessen, was über die Urzeit zu lernen ist.

## Was für Laute erzeugten die Dinosaurier?

Die nächsten lebenden Verwandten der Dinosaurier sind Vögel und Krokodile. Wenn wir betrachten, wie diese sich verständigen, können wir uns leichter vorstellen, wie Dinosaurier geklungen haben. So konnten Dinosaurier vermutlich nicht brüllen wie Säugetiere, weil Säugetiere ganz andere Stimmbänder haben als Vögel und Krokodile.

## Gab es Dinosaurier, die lebende Junge zur Welt brachten?

Man hat Fossilien von weiblichen Plesiosauriern und Ichthyosauriern – beides Meeresreptilien – gefunden, die noch nicht vollständig entwickelte Babys im Bauch hatten. Das bewies: Sie legten keine Eier, sondern brachten lebende Junge zur Welt. Von den meisten Dinosauriern wissen wir, dass sie Eier legten, versuchen aber herauszufinden, ob es noch weitere lebend gebärende Formen dieser Urzeitwesen gab.

**Lebend gebärend**
Plesiosaurier brachten lebende Junge zur Welt. Deshalb mussten sie nicht an Land gehen, um Eier zu legen.

## Wie sahen die Eier von T. rex und Triceratops aus?

Man hat zwar schon Eier von einigen Theropoda und Ceratopsia gefunden, aber bisher noch keine von den beiden berühmtesten Dinosaurier-Arten: Tyrannosaurus rex und Triceratops.

## Warum überlebte kein flugunfähiger Dinosaurier das Massenaussterben?

Das wissen wir immer noch nicht! Vögel sind die einzigen Dinosaurier, die das Massenaussterben überlebten. Warum keiner der anderen kleinen, flugunfähigen Dinosaurier überlebte, ist unklar.

# WIE WEIT WIR SIND

Wir machen ständig neue Entdeckungen über das Leben auf der Erde vor Millionen von Jahren. Erst im Jahr 2023 wurde eine neue Dinosaurier-Art entdeckt: Vectipelta barretti. Für die Paläontologie gibt es aber noch immer zahllose unbeantwortete Fragen ...

## Welche Farbe hatten Dinosaurier?

Wie man die Farbe aus Federn von Dinosauriern analysieren kann, wissen wir, nicht aber, wie man die Farbe unbefiederter Arten herausfindet. Beim Ausmalen von Vorlagen kannst du deiner Fantasie also freien Lauf lassen!

## Wie sahen die Organe der Dinosaurier aus?

Knochen und Haut versteinern, innere Organe aber nicht. Wie sah das Herz eines Dinos aus? Hatten Dinosaurier wie Vögel einen Kropf – eine Aussackung der Speiseröhre zum Speichern von Nahrung – oder nur einen Magen?

# Berufe in der Paläontologie

Du möchtest in der Paläontologie arbeiten? Super! Dafür gibt es viele Möglichkeiten und das Lesen dieses Buches ist schon ein guter Anfang! Hier sind nur einige der zahlreichen Berufe genannt, bei denen man mit Fossilien arbeitet.

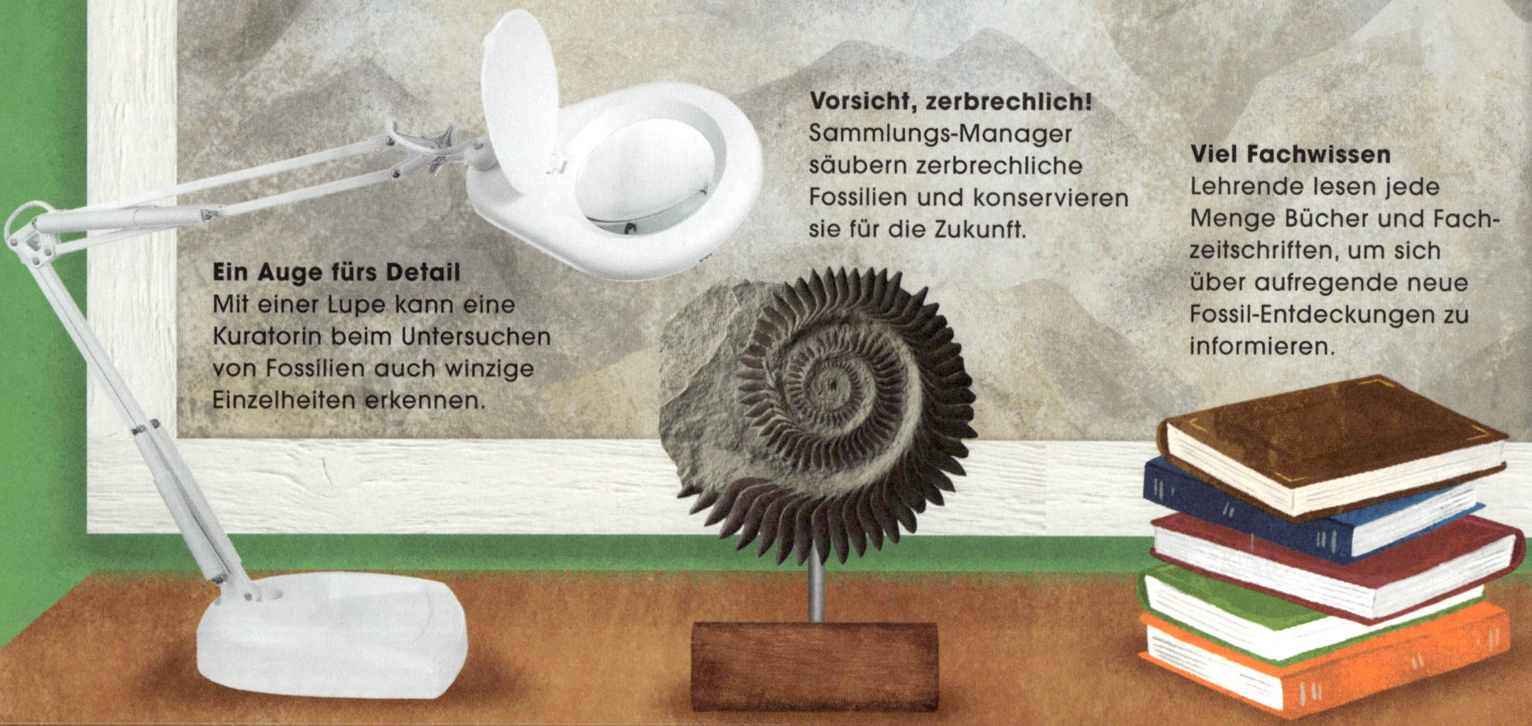

**Ein Auge fürs Detail**
Mit einer Lupe kann eine Kuratorin beim Untersuchen von Fossilien auch winzige Einzelheiten erkennen.

**Vorsicht, zerbrechlich!**
Sammlungs-Manager säubern zerbrechliche Fossilien und konservieren sie für die Zukunft.

**Viel Fachwissen**
Lehrende lesen jede Menge Bücher und Fachzeitschriften, um sich über aufregende neue Fossil-Entdeckungen zu informieren.

## KURATORIN

Eine Kuratorin ist im Museum für eine bestimmte Abteilung zuständig, etwa für die Paläontologie. Hier erfüllt sie vielfältige Aufgaben: Sie organisiert beispielsweise neue Ausgrabungen und erforscht die gefundenen Fossilien. Und sie schreibt dann Berichte für Fachzeitschriften über diese Entdeckungen.

## SAMMLUNGS-MANAGER

Diese Manager arbeiten wie Bibliothekare, kümmern sich aber nicht um Bücher, sondern katalogisieren Fossilien. Sie sorgen für eine sichere und übersichtliche Aufbewahrung der Fossilien für die Forschung, etwa in der Sammlung eines Museums.

## LEHRENDE

Die Hauptaufgabe von Lehrenden ist die Vermittlung von Wissen über die Urzeit und über Fossilien. Man kann in einem Museum arbeiten oder als Universitäts-Professorin andere dafür begeistern, was man selbst liebt. Vielleicht regt man dabei sogar auch jemanden an, selbst Paläontologin zu werden!

# PALÄO-KÜNSTLER

Diese Künstler rekonstruieren, wie Fossilien und ausgestorbene Lebensformen wohl ausgesehen haben. Dabei wenden sie unterschiedliche Kunstformen an: Zeichnen und Malen, Modellieren oder Computer-Animation.

# PARK-RANGERIN

Park-Rangerinnen und beim Staat angestellte Paläontologen kümmern sich um Schutz und Erhaltung von Fossilien in öffentlichen Nationalparks und Wüsten.

**Handwerkszeug**
Die Feldtasche ist bepackt mit Werkzeugen.

# SACHVERSTÄNDIGER

Paläontologen arbeiten auch als Sachverständiger auf Baustellen. Sie suchen beim Ausheben von Baugruben nach Fossilien und sichern sie.

# PRÄPARATORIN

Mit speziellen Feinwerkzeugen wie Präparier-Nadeln, Pinseln und Druckluft-Sticheln befreit die Präparatorin das Fossil vorsichtig aus dem umgebenden Gestein. Präparatorinnen konservieren auch Fossilien und reparieren brüchige Funde mit Spezialklebstoffen.

## DER WEG IN DIE PALÄONTOLOGIE

Es gibt zahlreiche Wege, die in die Paläontologie führen. Aber wenn du die folgenden Schritte befolgst, bist du schon auf dem besten Wege dahin:

1. Bleibe neugierig – lerne ständig dazu, lies viel und stelle Fragen.
2. Besuche Museen – besuche so viele Museen wie möglich und schau dir dort überall die Fossilien an.
3. Lerne fleißig – pass im naturwissenschaftlichen Unterricht in der Schule gut auf!
4. Knüpfe Kontakte – nimm Kontakt mit Paläontologen auf, die du bewunderst oder die in Museen oder an Universitäten in deiner Nähe arbeiten. Sie geben ihr Wissen gern an Fossilien-Fans wie dich weiter!

# Begriffe

## AASFRESSER
Bezeichnung für Tiere, die sich von toten anderen Tieren ernähren.

## ALLESFRESSER
Lebewesen, das sich sowohl von Fleisch als auch von Pflanzen ernährt.

## ANPASSUNG
Wenn Lebewesen gut an ihre Umwelt angepasst sind, haben sie eine bessere Chance zu überleben und sich fortzupflanzen. Dadurch können sie ihre Eigenschaften und Merkmale an ihre Nachkommen vererben.

## ART
Eine Gruppe von Tieren oder Pflanzen, die ähnliche Merkmale haben und sich miteinander fortpflanzen können.

## ASTEROID
Astronomischer Kleinkörper im Sonnensystem.

## AUFSPALTUNG
Hiervon spricht man, wenn sich im Lauf der Erdgeschichte aus einer weniger spezialisierten Art mehrere stärker spezialisierte herausgebildet haben.

## AUSSTERBEN
Wenn eine Tier- oder Pflanzenart für immer verschwunden ist, bezeichnet man sie als ausgestorben.

## DAUERFROSTBODEN
Dauerhaft gefrorene Schicht des Bodens, die nie auftaut.

## DNA
Enthält die gesamte genetische Information, die ein Tier oder eine Pflanze ausmacht.

## DRUCKLUFT-STICHEL
Werkzeug zum Präparieren von Fossilien. Damit kann man mit einem Luftstoß Fossilien von Verunreinigungen befreien.

## EROSION
Durch das Wetter bedingte Veränderungen und Abtragungen der Erdoberfläche, beispielsweise durch Wind, Wasser oder Frost.

## EVOLUTION
Die Veränderung und Anpassung von Lebewesen im Lauf der Zeit, die ihnen ein erfolgreicheres Überleben ermöglicht.

## FLEISCHFRESSER
Tiere, die sich vom Fleisch anderer Tiere ernähren.

## FLUSSNIEDERUNG
Das feuchte Ufergebiet rund um einen Fluss.

## FORMATION
Eine in einer geologischen Karte gut darstellbare Gesteinseinheit.

## GEFÄHRDET
Bezeichnung für eine Tier- oder Pflanzen-Art, die vom Aussterben bedroht ist.

## GENETISCH
Bezieht sich auf die vererbbaren Merkmale von Lebewesen.

## GEOLOGISCHE GESELLSCHAFT
Vereinigung, die 1807 in London (Großbritannien) gegründet wurde. Darin haben sich Geologen zusammengefunden, um mehr über Geologie zu erfahren und ihr Wissen miteinander zu teilen. Erst ab 1919 durften auch Frauen Mitglied werden.

## GLIEDERFÜSSER
Gruppe von wirbellosen Tieren mit starrem Außenskelett und gegliedertem Körper. Die einzelnen Körperabschnitte nennt man Segmente. Hierzu gehören beispielsweise Krebstiere, Spinnen, Tausendfüßer und Insekten.

## KAMBRISCHE EXPLOSION
In diesem Abschnitt der Erdgeschichte entwickelten die Tiere die ersten Augen,

die erste Wirbelsäule, Kiemen und Münder.

## KATALOGISIEREN
Erstellen einer Liste bestimmter Dinge, etwa von Fossilien einer Sammlung.

## KLIMAWANDEL
Weltweite Veränderung der Temperaturen und der Wetterverhältnisse. Dieser Wandel kann eine natürliche Ursache haben oder durch Aktivitäten des Menschen hervorgerufen werden.

## KOPROLITH
Der Kot eines Tiers, der im Lauf von Jahrmillionen versteinert ist.

## KROPF
Bestandteil des Verdauungssystems von Vögeln. Eine Aussackung der Speiseröhre, in der Nahrung nach dem Schlucken gespeichert werden kann.

## MASSENAUSSTERBEN
Davon spricht man, wenn in einem relativ kurzen Zeitraum eine sehr große Zahl von Lebewesen auf der Erde ausgestorben ist.

## MIO. J.
Abkürzung für „Millionen Jahre".

## MRD. J.
Abkürzung für „Milliarden Jahre".

## ÖKOSYSTEM
Bezeichnung für eine Lebensgemeinschaft von Organismen und der sie umgebenden, unbelebten Umwelt. Dazu gehören auch der Boden, das Wasser und der Luftraum.

## ORGANISMEN
Andere Bezeichnung für Lebewesen.

## PFLANZENFRESSER
Ein Tier, das sich ausschließlich von Pflanzen ernährt.

## SEDIMENT
Material wie Schlamm und Sand, das durch Zerkleinerung von natürlichen Stoffen entstanden ist und sich etwa nach Transport durch strömendes Wasser irgendwo abgelagert hat, wie am Grund eines Gewässers.

## SKELETT
Alle Knochen eines Lebewesens, die das Stützgerüst des Körpers bilden.

## TREIBHAUSGAS
Gas in der Erdatmosphäre, das die Wärme in der Erdatmosphäre wie in einem Treibhaus zurückhält.

## TUNDRA
Kalte Region mit gefrorenem Boden, in der keine Bäume wachsen, nur niedrig wachsende Pflanzen.

## VORFAHR
Ausgestorbenes Tier oder Pflanze, das oder die mit heute lebenden Tieren oder Pflanzen verwandt sind.

## WEICHGEWEBE
Weiche Bestandteile des Körpers wie Muskeln, Fett und Blutgefäße.

## WEICHTIERE
Wirbellose Tiere mit weichem Körper und oft harter Schale. Hierzu gehören beispielsweise Muscheln, Schnecken und Tintenfische.

## WIRBELLOSE
Bezeichnung für Tiere ohne Wirbelsäule und inneres Skelett. Hierzu gehören Krebse, Würmer, Schnecken, Tintenfische, Spinnen und Insekten.

## WIRBELTIERE
Bezeichnung für Tiere mit einem Skelett aus Knochen oder Knorpel, die eine Wirbelsäule und einen Schädel besitzen. Hierzu gehören Fische, Amphibien, Reptilien, Vögel und Säugetiere.

# Register

# Dank und Bildnachweis

**Dorling Kinderlsey** dankt Karen Chin für die Verwendung ihrer Bilder und Helen Peters für die Erstellung des Registers.

**Ashley Hall** dankt ihrem Ehemann Lee und ihren beiden Katzen für ihre unendliche Liebe und Unterstützung.

## BILDNACHWEIS

Dorling Kindersley dankt Folgenden für die freundliche Genehmigung zum Abdruck ihrer Fotos:

(Abkürzungen: o = oben, u = unten, m = Mitte, g = ganz, l = links, r = rechts)

**2 Dorling Kindersley:** Colin Keates / Natural History Museum, London (mlo). **2-80 Dreamstime.com:** Designprintck (Struktur). **3 Dorling Kindersley:** Jon Hughes (gom). **4-5 Alamy Stock Photo:** Lee Rentz. **6 Alamy Stock Photo:** Photo-Alto sas / Jerome Gorin (mu). **Dreamstime.com:** Marcos Souza (mlu). **Science Photo Library:** Dirk Wiersma (gor). **7 Alamy Stock Photo:** PRAWNS (gol); Stefan Sollfors (mu). **Getty Images:** Feature China / Future Publishing (mlu). **8 Dorling Kindersley:** Colin Keates / Natural History Museum, London (mu, gor). **9 Science Photo Library:** Millard H. Sharp (gom). **11 Dreamstime.com:** Onestar (gol). **12 123RF.com:** Mark Turner (gor). **13 Dreamstime.com:** Isselee (gor). **14-15 Alamy Stock Photo:** Roland Bouvier. **16 Shutterstock.com:** Dotted Yeti (mlu, mu). **16-17 Dreamstime.com:** Mark Turner (go). **17 Dreamstime.com:** Elena Duvernay (mr); Corey A. Ford (gor); Mark Turner (mlu). **18 Science Photo Library:** Millard H. Sharp (mlu). **20-21 Dreamstime.com:** Alexander Ogurtsov (mu). **20 Alamy Stock Photo:** Hypersphere / Science Photo Library (mlu). **Dorling Kindersley:** Colin Keates / Natural History Museum, London (ur). **21 naturepl.com:** Alex Mustard (mru). **22-23 Dreamstime.com:** Linda Bucklin (m). **23 Dreamstime.com:** Victor Zherebtsov (gor). **25 Alamy Stock Photo:** Corbin17 (um); Natural History Museum, London (gol, gor, ur); Custom Life Science Images (ul). **Science Photo Library:** Kjell B. Sandved (gom). **26 123RF.com:** Corey A. Ford (gor). **28-29 Alamy Stock Photo:** Jamie Pham. **30 123RF.com:** Corey A. Ford (mro). **Dorling Kindersley:** Jon Hughes (ur). **31 Alamy Stock Photo:** Mohamad Haghani (mr). **Dorling Kindersley:** James Kuether (mru). **Getty Images:** Moment / John Finney Photography (ur). **32 Dorling Kindersley:** Jon Hughes (mlu). **37 Dorling Kindersley:** Jon Hughes (gol). **38 Dreamstime.com:** Mark Turner (ml). **42-43 Dreamstime.com:** Cornelius20. **Shutterstock.com:** SciePro (m). **44 Dorling Kindersley:** Colin Keates / Natural History Museum, London (go). **44-45 Dreamstime.com:** Elena Duvernay (m). **45 123RF.com:** Michael Rosskothen (mro). **Science Photo Library:** Julius T. Csotonyi (mr). **46 Alamy Stock Photo:** IanDagnall Computing (ul). **Shutterstock.com:** Simon J. Beer. **47 Alamy Stock Photo:** David Buzzard (ul). **Science Photo Library:** Natural History Museum, London (gom). **48 123RF.com:** Corey A. Ford (m). **Alamy Stock Photo:** Mark Garlick / Science Photo Library (mlo). **Dorling Kindersley:** Jon Hughes (gom). **49 123RF.com:** Leonello Calvetti (mr); Corey A. Ford (mlu). **Dorling Kindersley:** Jon Hughes (gol); James Kuether (um). **50 123RF.com:** Mark Turner (mo). **Getty Images / iStock:** DmitriyKazitsyn (ml). **51 123RF.com:** Mark Turner (ur). **Dorling Kindersley:** Colin Keates / Natural History Museum, London (gor). **52 Foto Karen Chin;** Präparat aus der Sammlung des Denver Museum of Nature and Science: (ml). **54 123RF.com:** Leonello Calvetti (mr). **Alamy Stock Photo:** Tim Fitzharris / Minden Pictures (ul). **57 Alamy Stock Photo:** Sebastian Kaulitzki / Science Photo Library (mru). **Shutterstock.com:** SciePro (mu). **58 123RF.com:** Leonello Calvetti (ml). **59 Dreamstime.com:** Alslutsky (mr). **Shutterstock.com:** Dotted Yeti (gor). **60-61 Alamy Stock Photo:** Jim West. **62 123RF.com:** Ralf KRaft (mr). **Alamy Stock Photo:** Universal Images Group North America LLC / DeAgostini (mlo). **Dreamstime.com:** William Roberts (mlu). **Science Photo Library:** Roman Uchytel (mro). **Shutterstock.com:** SciePro (m). **63 Dorling Kindersley:** Dynamo (mlo). **Dreamstime.com:** Corey A. Ford (mo). **Getty Images / iStock:** CoreyFord (mu). **Science Photo Library:** John Bavaro Fine Art (mro). **64 Alamy Stock Photo:** GRANGER – Historical Picture Archive (mlu). **65 Alamy Stock Photo:** Science Picture Co (gor). **66-67 Getty Images / iStock:** DigitalVision Vectors / aelitta (Silhouetten). **66 Alamy Stock Photo:** Friedrich Saurer (mo). **67 Getty Images / iStock:** CoreyFord (u). **Science Photo Library:** Roman Uchytel (gor). **68-69 Alamy Stock Photo:** Brusini Aurlien / Hemis.fr. **71 Alamy Stock Photo:** Qin Tingfu / Xinhua (ur); Bodo Schackow / dpa-Zentralbild / ZB (mlo). **Getty Images:** Moment / Jordi Salas (gor). **74 Shutterstock.com:** Polina-Persikova (ml). **75 Getty Images / iStock:** fares139 (mlo). **Science Photo Library:** Pascal Goetgheluck (mru)
**Cover:** *Vorn:* **123RF.com:** Leonello Calvetti (mr), Corey A Ford (mo), Mark Turner (gol); **Dorling Kindersley:** Andy Crawford / Roby Braun (mlu), Jon Hughes (ml); **Dreamstime.com:** Designprintck (Struktur), Mark Turner (mru); **Getty Images / iStock:** CoreyFord (mlo); *Hinten:* **123RF.com:** Leonello Calvetti (ml), Corey A. Ford (mo), Mark Turner (gor); **Dorling Kindersley:** Andy Crawford / Roby Braun (mru), Jon Hughes (mr); **Dreamstime.com:** Designprintck (Struktur), Mark Turner (mlu); **Getty Images / iStock:** CoreyFord (mro); *Werbeseite:* **Dreamstime.com:** Mark Turner (gol); **Dorling Kindersley:** Roby Braun (um); **123RF.com:** leonello calvetti.

Alle anderen Fotos: © Dorling Kindersley

## ÜBER DIE ILLUSTRATORIN

Claire McElfatrick ist freiberufliche Illustratorin. Die Inspiration zu ihren wunderschönen, handgezeichneten und passend zusammengestellten Illustrationen verdankt sie ihrer Heimat im ländlichen England.

# Kennst du schon diese tollen Bücher?

Welt aus Eis
ISBN: 978-3-8310-4753-6

Die verborgene Welt der Ozeane
ISBN: 978-3-8310-4213-5

Erstaunliche Wanderungen der Tiere
ISBN: 978-3-8310-4746-8

Dino-Projekte
ISBN: 978-3-8310-4595-2

DK
www.dk-verlag.de